U0597146

童年是一首歌

李勇剑◎著

清华大学出版社

北 京

内 容 简 介

《童年是一首歌》收集了李勇剑从小学一年级（7岁）到六年级（13岁）所写的日记、作文180余篇，反映了他如诗如歌、多姿多彩的童年生活。从中不仅让我们了解了一个儿童的心灵世界，还使我们看到他怎样由记事写话，而逐渐写出清晰流畅、生动传神、真切感人的文字。这能给儿童、家长和教育工作者带来有益的启迪和建议。

图书在版编目（CIP）数据

童年是一首歌 / 李勇剑著. --北京：清华大学出版社，2014（2019.6重印）
ISBN 978-7-302-37598-2

Ⅰ.①童… Ⅱ.①李… Ⅲ.①作文—小学—选集 Ⅳ.①H194.4

中国版本图书馆CIP数据核字（2014）第186495号

责任编辑：刘志彬
封面设计：汉风唐韵
责任校对：宋玉莲
责任印制：沈　露

出版发行：清华大学出版社
　　　　　　网　　址：http://www.tup.com.cn，http://www.wqbook.com
　　　　　　地　　址：北京清华大学学研大厦A座　　邮　　编：100084
　　　　　　社 总 机：010-62770175　　　　　　　邮　　购：010-62786544
　　　　　　投稿与读者服务：010-62776969，c-service@tup.tsinghua.edu.cn
　　　　　　质量反馈：010-62772015，zhiliang@tup.tsinghua.edu.cn
印 装 者：天津画中画印刷有限公司
经　　销：全国新华书店
开　　本：170mm×240mm　　**印张**：12.75　　　**字　　数**：138千字
版　　次：2014年10月第1版　　　　　　　　　**印　　次**：2019年6月第2次印刷
定　　价：28.00元

产品编号：061360-02

序

雏凤清于老凤声

莫 言

　　我案头上摆着一本虽非正式出版，但印刷精美的书。书名《童年是一首歌》。作者李勇剑，是西安高新一中初中部二年级的学生。

　　前不久，在朋友的引领下，勇剑跟随他父亲来京看我，给我留下美好的印象。勇剑是个聪颖沉静的少年，不多话，但内心丰富。上面所说的那本书就是那次见面时，勇剑送给我的。

　　我认真地读了这本书。读书的过程充满了感慨与欢乐。我从这本书里看到了一个少年的成长，看到了他的心灵从单纯走向丰盈。我读到了他的与我们这代人不一样的童年，当然也读到了他的童年生活中与我们这代人同样的感受。从最初的三言两语，到后来的千言万语；从最简单的日记，到极尽想象的诗歌、话剧、科幻武侠小说，文体逐渐多样，思想日益深刻，因此这本书可以当成研究少年语文教育与少年心灵成长的范本。

　　我很喜欢他一年级的日记："今天，我看见午休表上我得了两颗星，我很高兴。""我要好好学习，天天向上，才能让老师更喜欢我。""这两天刚放假，我很想出去玩，可是，天老是下雨。"这样的文字清纯简洁，怎么想就怎么写，素朴天真，毫无雕饰，这样的文字是一切雄文伟旨的基础。但就像人在成长一样，文字也须逐渐繁复。繁复的文字是表达丰富心灵的需要，但无论如何繁复，清纯与素朴是为文要旨，永远不能丢弃。勇剑小友后来所写的各类文字都保持了真心与真情，因此也就避免了假话与空话，避免了学生腔调。这是可喜的，也是应该永远坚持的。

对少年写作，我一直持支持态度，但还是建议在学好各门功课的前提下进行。因为从事文学写作，需要作者具备多方面的知识，即便是数、理、化，也不能说对文学创作毫无用处。另外，我希望热爱文学的少年朋友们，写作时还是要从自己熟悉的生活写起，要写真情实感，要学会观察细节，从观察中发现别人没发现的东西，然后用最准确的语言记录下来。更重要的是，要扩大生活面，要广泛阅读，要尽可能多地了解社会生活的方方面面，与形形色色的人打交道，这样才可能写出真正的文学作品。当然，想象力很重要，但无论多么丰富的想象力，也必须借助生活中的经验才能展开翅膀，即便是科幻武侠小说，也离不开对现实生活的观察与积累。

总之，我很高兴地读了勇剑小友的书，祝愿他学习进步，苗壮成长，并希望他今后能写出更好的文章。

2012 年 3 月 9 日

（莫 言 诺贝尔文学奖获得者、中国作家协会副主席）

目 录

◎万花筒

童年是一首歌

蹒跚学步

◎ 一年级日记选

2005 年 4 月 1 日　星期五　晴

排练节目

今天，我们开始排练节目《小松树》，因为下个星期二就要在学校表演了，所以同学们排练起来都很认真。

2005 年 4 月 5 日　星期二　晴

运动会

今天，我们班举行了"三跳运动会"，比赛项目有：跳绳、跳皮筋和踢毽子，同学们个个表现得很积极。最后，孙唯真跳绳得了奖。

2005 年 4 月 7 日　星期四　晴

养成好习惯

今天，老师在家校联系本上写道：自查习惯没有养成！我以后一定要自觉做完作业，并且养成自查的好习惯。

2005 年 4 月 8 日　星期五　雨

学会了新知识

今天，我们学了两首古诗。我不明白"歌声振林樾"中的"振林樾"是什么意思，老师告诉了我。我很高兴，因为我今天又学到了新的知识。

2005 年 4 月 9 日　星期六　雨

小朋友凯凯

今天去姨奶家玩，我又见到了以前的小朋友凯凯，我们都十分高兴。

2005 年 4 月 10 日　星期日　晴

爸爸好辛苦

今天，我和爸爸一起去吃晚饭，当时已经很晚了。爸爸说："我中午都没吃饭，都快饿晕了。"我觉得爸爸好辛苦。

2005 年 4 月 13 日　星期三　阴

实习老师

今天，我们的语文课是由实习老师上的。实习老师读课文很有感情，很动听。

<u>2005 年 4 月 25 日　星期一　晴</u>

我得了两颗星

　　今天，我看见午休表上我得了两颗星，我很高兴。

<u>2005 年 4 月 26 日　星期二　晴</u>

我的考试成绩

　　今天，老师告诉我，我的语文考试成绩是 99 分，数学成绩是 89 分。另外，老师还告诉我，我的语文成绩是班里最好的。

<u>2005 年 5 月 2 日　星期一　晴</u>

去杨凌

　　昨天，妈妈带我来到杨凌示范区，爸爸在那里工作。今天下午，我们去水运中心玩。水运中心旁边的邰城广场很大。广场上有很多游乐项目，如射击、开汽车、放风筝、滑滑梯等，我玩得很开心。

<u>2005 年 5 月 3 日　星期二　晴</u>

法门寺

　　今天，烈日炎炎，爸爸和妈妈带我到法门寺玩。来这里旅游的人很多，我们在地宫里亲眼看见了佛指舍利。

2005 年 5 月 5 日　星期四　晴

看新天地无土栽培示范园

今天，爸爸带我去杨凌新天地无土栽培示范园，里面有黄瓜、西红柿，它们生长在营养水里，我觉得很神奇。

2005 年 5 月 6 日　星期五　晴

读书

今天，我读了爸爸送给我的《影响男孩一生的经典童话》。这本书里面的故事很精彩，也让我十分感动。

2005 年 5 月 7 日　星期六　晴

魏子瑶真酷

今天，我的朋友魏子瑶来我家玩。他穿着一身迷彩服，手握一把玩具枪，真是酷极了。

2005 年 5 月 8 日　星期日　晴

我画……

我画了个蓝色的太阳送给了天空；

我画了个彩色的太阳送给了彩虹；

我画了个白色的太阳送给了白云；

我画了个绿色的太阳送给了小草。

2005 年 5 月 9 日　星期一　晴

我要努力

今天，老师说我画的画不好，我要努力了。

2005 年 5 月 19 日　星期三　晴

黄老师

我特别喜欢我们的班主任黄老师。她有着一头乌黑的长发，笑的时候眼睛眯成一条缝。她讲课很有趣，还时不时地讲一些笑话来，引得同学们哈哈大笑。

2005 年 5 月 19 日　星期四　晴

我要好好学习

我要好好学习，天天向上，才能让老师更喜欢我。

2005 年 5 月 23 日　星期一　晴

托管班

今天中午，托管班的黄老师说下午 2：10 到校。可是，李老师却说下午 2：20 到校。最后，李老师还是在下午 2：10 叫醒了我们。

2005 年 5 月 24 日　星期二　晴

读书心得

今天，我们学了《小白兔和小灰兔》，我从中懂得了两个道理：一是要爱劳动；二是要懂礼貌。

2005 年 5 月 25 日　星期三　晴

我的建议

我认为给教室里挂上彩带，挂上气球，把桌子推到两边，同学们就可以在中间做游戏了。

2005 年 5 月 30 日　星期一　晴

画眉

今天，我和妈妈看见树上有一只画眉鸟，它长得十分漂亮。

2005 年 6 月 6 日　星期一　晴

画桥

今天美术课上，我画了一座桥。这座桥十分漂亮，有点像彩虹。

2005 年 6 月 7 日　　星期二　　晴

我想发明带翅膀的火车

我想发明一种火车，车头有两只翅膀。冬天，如果铁轨上有雪，它就会展开翅膀飞翔。

2005 年 6 月 8 日　　星期三　　雨

妈妈表扬了我

今天晚饭后，妈妈给我读作文，一连读了五六篇。我听见妈妈的声音有些沙哑，急忙给妈妈拿了一瓶水。妈妈高兴地说："你真是个懂事的孩子！"

2005 年 6 月 13 日　　星期一　　晴

我想……

今天，我对托管班的李老师说："老师，你光选了中午管班的人，为什么不选一个下午管班的人呢？"李老师说后面就选一个。我想被老师选上。

2005 年 6 月 21 日　　星期二　　晴

拍皮球

今天，老师让回家练习拍皮球 300 下。我写完作业，立即去拍皮球，完成了老师布置的拍皮球任务。

2005 年 7 月 7 日　星期四　雨

下雨

　　这两天刚放假，我很想出去玩，可是，天老是下雨。

2005 年 7 月 10 日　星期日　晴

读名人名言

　　今天，妈妈给我读名人名言，我从中学到好多名句。以后，我就可以把它们用到日记当中了。

2005 年 7 月 11 日　星期一　晴

农家乐

　　今天，爸爸带我去杨凌。晚上，我们来到崔西沟民俗村农家乐，吃竹笋、白雪覆盖火焰山……味道好极了。突然，我发现院子外面有两只狗，一只大狗和一只小狗。大狗和小狗可能是饿了，把地上的金龟子也吃掉了。我看见后，就把没吃完的菜拿过来，放到地上。两只狗毫不客气，狼吞虎咽，一会儿就吃光了。

2005 年 7 月 13 日　星期三　晴

学做饭

　　今天，我第一次学做饭。我先拿了一枚鸡蛋，磕到小碗里，等锅里油热了，我就把鸡蛋倒了进去，用小铲翻了翻。等了一会儿，好吃的煎鸡蛋就做好了。

2005 年 9 月 1 日　星期一　多云转雨

我撕破了保护膜

　　今天，我把浴室里电子控制器的保护膜给撕破了，妈妈批评了我，说这样容易发生触电危险。我认为，妈妈批评我是对的。

◎二年级日记选

2006 年 1 月 29 日　星期六　阴

放花炮

今天是大年三十。新年的钟声刚刚敲响，我就和爸爸妈妈去小区广场放花炮。刚到门外，就听见震耳欲聋的爆竹声，看到夜幕上空绽放着各种各样的烟花。我迫不及待地拿出花炮，在爸爸妈妈的指导下点燃了引线。这时，广场上的人多了起来。烟花在空中竞相开放：有的像盛开的菊花，有的像孔雀开屏，还有的像一群黄莺在空中鸣叫……节日的夜空被五颜六色的烟花装扮得美丽无比，大人小孩的脸上都洋溢着舒心的笑容，我更是开心极了！

2006 年 2 月 1 日　星期三　晴

存钱罐

今天，爸爸给我买了一个存钱罐，我十分高兴。这是一个猪形存钱罐，它的全身像镀了金子一样，黄灿灿的。它有一双水灵灵的大眼睛，长着一个红鼻子，伸出一条红舌头，鼻子两边有一些皱纹，神情十分可爱。小猪的两只前脚抱着一个硕大的金元宝，上面写着"招财进宝"四个大字。

爸爸把这个存钱罐送给了我。我小心翼翼地把它放在了我的书桌上，把我平时积攒的硬币一一放入存钱罐。爸爸说："送你这个存钱罐，是为了让你从小养成节约的好习惯！"

听了爸爸的话，我感到很惭愧。以前我经常乱花钱，今后我一定要改掉这个坏习惯。

2006 年 2 月 6 日　星期一　晴

读《三字经》

今天，爸爸买了一本《三字经》送给我，我就读了起来。《三字经》前几句是这样说的：人之初，性本善。性相近，习相远。意思是：人生下来，性格本来是好的，由于教育方式和环境的不同，性格就不一样了。"苟不教，性乃迁。教之道，贵以专。"意思是：儿童不严格教育，好的品质就会消失。虽然我不知道作者是谁，但书的内容非常好。我非常喜欢这本书，因为它教育我们要从小养成良好的品质和学习习惯。

2006 年 2 月 7 日　星期二　晴

做家务

今天，我帮妈妈做家务。我先拿了一块抹布，把桌子擦了一遍。擦完了桌子，我又准备去擦别的东西。这时，妈妈对我说："要把脏了的抹布清洗干净，才能把东西擦干净。"我照着妈妈的说法去做了。不一会儿，家里的家具都被我擦得干干净净。这时，我已是大汗淋漓了。我终于体会到妈妈每次做家务有多么辛苦。以后，我要经常帮助妈妈做家务。

<u>2006 年 2 月 10 日　星期五　晴</u>

万星叔叔

今天，我去吴万星叔叔家玩。

万星叔叔比我大四岁，有一双炯炯有神的大眼睛，脸蛋胖乎乎的。我刚一进门，就看见他正在看电视。"叔叔！"听到我叫他，他立即把头转过来，显得非常高兴。当时，他的妹妹（我把她叫姑姑）也在看电视。他告诉我，姑姑还有 20 篇日记、生字和口算等好多作业都没有完成，必须在两天之内写完这些作业。听完之后，我顿时目瞪口呆。这么多作业，还不把人累死。姑姑写作业时，有不会的题，叔叔会给她认真地辅导。这不正是兄妹之间的情感吗？

<u>2006 年 3 月 4 日　星期六　晴</u>

舅妈带来个小妹妹

今天，舅舅和舅妈来我家，还带来一个小妹妹。

我听舅妈说，小妹妹出生不到两个月。我问舅妈小妹妹是属什么的，舅妈说，妹妹是属鸡的。

小妹妹格外可爱，她身子很小，有一双水灵灵的大眼睛，哭起来"哇哇"的！

2006 年 7 月 7 日　星期五　晴

第一次过马路

今天是星期五，我要去奥数班上课，妈妈要去单位上班，没有人接我回家。

在去奥数班的路上，妈妈交代说："回家的路上千万要小心，特别是过马路，一定要走斑马线，回家后一定要给妈妈打电话。"过了一会儿，妈妈又重复了一遍，一路上把这些话说了不下四五遍，她好像还是有点不放心让我一个人回家。等到了奥数班的门口时，妈妈又交代了一遍。我不耐烦地说："妈妈，我记住了！"妈妈点了点头，对我说："再见。"

两个小时的奥数课很快就上完了，我要一个人回家了。我好像在完成妈妈交给我的任务一样，小心翼翼地踩着斑马线过马路，走人行道。安全回到家中后，我立即拨通了妈妈的电话。妈妈听到了我的声音后又惊又喜，高兴地说："儿子，你真棒！"

2006 年 7 月 25 日　星期二　晴

吃西瓜

今天晚上，妈妈叫我吃西瓜，我说："我不想吃。"妈妈说："这不是一般的西瓜。"我说："怎么不一般？"妈妈说："你不知道，它是用矿泉水养大的。"我一看才知道，这个西瓜果然与别的西瓜不同。它圆圆的，好像一个大皮球，外皮油黑发亮。切开后，我发现它的子儿非常少，瓜瓤鲜红鲜红的、沙沙的。我迫不及待地让妈妈切了一块给我。咬了一口，香甜香甜的，非常好吃。我一连吃了好几块。我相信，在不久的将来，科技人员一定会培育出比这还要大、还要好吃的西瓜。

2006 年 7 月 26 日　星期三　阴

我没有写完作业

今天，妈妈上班前给我布置了《暑假作业》中语文、数学各一页，日记两篇，练钢笔字两张。妈妈一走，我就好像断了线的风筝，没有束缚，只顾玩耍，把写作业的事忘在了脑后。当我想起来时，已经是下午四点多了。于是，我急急忙忙开始写作业。等我把《暑假作业》写完，正要写日记时，妈妈就下班回来了。妈妈见我没有写完作业，特别生气。今后，我一定要听妈妈的话，按时完成当天的作业。

第一次坐飞机

今天下午，我和妈妈一起从西安坐飞机去兰州。因为是第一次坐飞机，我格外激动。

我和妈妈早早就来到了西安咸阳国际机场候机大厅。大厅里非常宽敞、明亮，各种设施一应俱全，有书店、超市、餐厅……我们换好了登机牌，经过安全检查后，就径直来到去兰州的 10 号登机口处。登机口处的座位已经坐了好多人，我和妈妈也找了一个座位坐下来。我们乘坐的 2212 次航班起飞时间是下午 4 点 45 分。我不停地问妈妈几点了，妈妈说："别着急！马上就到了！"但我怎么能不着急呢？我透过大厅的玻璃窗不停地向跑道张望，等待着飞机的到来。过了好一会儿，广播里传来广播员的声音："飞往兰州的旅客请注意，2212 次航班马上就要起飞了……"听了这话，我别提有多激动了！我和大家排着队，有秩序地进入机舱。飞机上的乘务员给我们讲了乘坐飞机的安全知识，还让我们系上安全带。

飞机开始缓缓地向前滑行，不一会儿，飞机就加速飞跑起来，速度越来越快，然后直冲云霄。飞机升空的时候，我感觉身体在倾斜，心里还真有些害怕。到了一定高度后，飞机就平稳地向前飞行。我隔着舷窗，一会儿看见下面是一片云海，一会儿又看见下面的高山、田野和河流，真是美丽极了。西安到兰州飞行仅仅只有 50 分钟。我还没有欣赏够空中的美景，飞机就安全降落在兰州中川机场。

这真是一次难忘的空中之旅啊！

2006 年 7 月 29 日　星期六　晴

在黄河上坐羊皮筏子

今天下午，佘东明叔叔陪我们来到兰州的黄河边看黄河。

黄河从兰州穿城而过，黄河岸边有好多游客在坐羊皮筏子。听船主人说，这是黄河上的一道风景线。船主人介绍说，制作羊皮筏子非常简单，首先把整个羊的皮完整地剥下来，经过缝制加工后，给里面充满气，然后把六个充满气的羊皮，两个一排并成三行，用绳子固定在一排木棍上。这样，一个羊皮筏子就做成了。过去，黄河上风浪大，木船很少，羊皮筏子就成了一种重要的交通工具了。佘叔叔让我感受一下，我看着混浊湍急的黄河水，心里有些害怕。在大家的鼓励下，我壮起胆子尝试坐羊皮筏子。

我和爸爸妈妈穿上救生衣，上了羊皮筏子，船主人就开始为我们划"船"。我们的体重把羊皮筏子压下去了一半，羊皮筏子随浪起伏，顺流急下，我坐在上面丝毫不敢乱动，生怕掉进滚滚黄河。

十分钟的时间很快就过去了。上岸后，我望着黄河，心情还十分激动。我终于在黄河尝试了一回坐羊皮筏子的滋味，也零距离地接触了一回母亲河。

2006 年 8 月 2 日　星期三　晴

秋园真美

今天，我来到了爸爸在杨凌工作生活的地方——秋园。秋园很大，里面有很多楼房，外表十分漂亮。一进大门，就看见许多樱花树。楼的两旁有整齐的花坛，花坛里种着常青树和叫不上名的花草，非常好看。楼房在花坛的映衬下，显得格外幽静。

2006 年 8 月 24 日　星期四　晴

洪洞大槐树寻根

今天，我和爸爸来到山西洪洞大槐树寻根祭祖。

根据导游介绍，洪洞大槐树位于洪洞县城北，是闻名全国的明代迁民遗址，是海内外数以亿计的大槐树后裔寻根祭祖的圣地。几个世纪以来，大槐树被当做"家"，被称做"祖"，被看做"根"，成为亿万人心目中的故乡。

据文献记载，明朝时，这里有一座广济寺院，寺旁有一株"树身数围，荫蔽数亩"的汉槐，阳关大道从树荫下通过，汾河滩上的老鹳在树杈间构筑窝巢，星罗棋布，甚为壮观。

明朝初年，政府在广济寺设局驻员，集中移民，编排队伍，发放"凭照川资"。于是，移民开拔外迁起程时，纷纷折槐为记，依依惜别，频频回首，最后只有大槐树和汾河滩上的老鹳窝依稀可辨，大槐树和老鹳窝也就成为惜别家乡的标志。

洪洞县委、县政府顺时代之潮流，合宗亲之意，从1991年开始，每年4月1日至10日，在这里举办"寻根祭祖节"。

树高千丈也忘不了根。我一定要好好学习，长大后为祖国争光。

2006 年 9 月 25 日　星期五　晴

游清明上河园和包公祠

今天上午，我和爸爸来到位于河南开封的清明上河园。进入东大门，首先看见的是《清明上河图》作者张择端的塑像，园里来来往往的工作人员和演职人员，个个身着宋代服饰。往里走，便是宋都广场。广场不远处有一条河，河面上停泊着一艘大船。广场的后面，有很多人踩着高跷走路，引得许多人驻足观看。我们通过上善门，来到"王员外"家。"王员外"正在招婿，绣球刚扔下来，就被一个新疆的小伙子接住了，还得了一个香包，引得观众哄堂大笑。上善门外，有人在表演气功喷火：一个人拿着一把火放到嘴边，一吹气就喷出一股火来……

不知不觉两个小时过去了，我和爸爸依依不舍地离开了清明上河园。

下午，我和爸爸来到了开封包公祠。

包公祠位于开封城西南碧水环抱的包公湖畔，是为纪念中国历史上著名清官包拯而建的祠堂。包拯在北宋时期曾任开封府尹，一生为官清廉，不畏权贵，执法如山，其功德为后人世代传颂。因为他是清官的代表，所以，百姓称他为"包青天"。

导游带我们走进第一间展览室，展室里陈列着精美的蜡像。在包公的蜡像前，导游介绍说，当年有一个叫陈世美的人，考中了进士，于是皇上召见了他。皇上看他一表人才，就把公主许配给了他，陈世美因此成了驸马。陈世美原来的妻子秦香莲不见丈夫回来，非常着急。她听说丈夫在京城做了官，就去找丈夫。在京城找到丈夫陈世美后，陈世美给了她 500 两银子，让她回家。

秦香莲不答应，就把丈夫告到包公面前。包公就把陈世美召来，问明案由后唤人拿下，定为死罪。后来，公主和老太后都来说情。老太后说："你要是杀了他，我就罢了你的官！"包公说："我宁愿被罢官也要杀了他。"最后陈世美还是被包公给杀了。

听完这个故事后，我对包公执法如山、不徇私情的做法非常敬佩。包公铁面无私的精神非常值得我们赞扬和学习。

2007 年 2 月 1 日　星期四　晴

爸爸回来了

今天爸爸从杨凌回来了，我十分高兴。因为爸爸平常是明天才能回来。

2007 年 2 月 2 日　星期五　晴

我教姐姐下象棋

今天，我教姐姐下象棋，教了半天，她也没有学会。气死我了！

2007 年 2 月 27 日　星期二　晴

做好事不张扬

今天是开学第一天，我们穿着崭新的衣服，来到学校。上完第四节课，就到了吃中午饭的时候了。老师说："开饭！"同学们风也似的回到座位上，拿出饭盒坐好。我们第二组表现好，老师让我们组先打饭。听到老师让我们组先打饭，其他组的同学不由自主地叹了一口气。今天中午有鸡肉，老师给我发了一小块，太好吃了。老师说，做两件好事或两件以上好事的同学可以多吃鸡肉，虽然我做了两件好事，但是我没有吭气，因为我要像雷锋叔叔那样，做好事不张扬。

2007 年 3 月 1 日　星期四　阴

烦人的事

今天，我同桌的书包倒了，说是我推倒的。笔掉到地上了，说是我碰掉的。唉！实在太烦人了。

2007 年 3 月 2 日　星期五　小·雨

后悔的事

今天，天下着小雨。下午放学时姐姐来学校门口接我。到了家门口，姐姐说要到门口小商店去买馍，我也背着书包去了。我想吃方便面，可姐姐不给我买。于是，我就把爸爸给我买的新书包在地上蹭坏了。事后想想，我真不应该那样做。我十分后悔。

2007 年 3 月 3 日　星期六　晴

做错的事

今天，我用充电器在书房里扔着玩，没想到不小心碰在了羊皮灯罩上，把灯罩碰破了。我急忙用胶带纸把它粘好，没料想还是被姐姐发现了，告诉了爸爸。我向爸爸承认了错误。

2007年3月4日　星期日　晴

不该发生的事

晚上10点多，送完家里的客人，妈妈才安下心来检查我的作业。妈妈发现我的英语作业没有做，非常生气。因我一时贪玩，忘记写英语作业了。我想，以后再也不会有这样的事发生了。

◎六年级日记选

护蛋日记

2009 年 10 月 10 日　星期六　雨

选蛋

今天，老师给同学们布置了一道"作业"——保护鸡蛋。

回到家里，我在冰箱里的"鸡蛋集中营"里找到了一枚尖尖的鸡蛋，我把它拿起来，放在桌子上。

经过一番激烈的思想斗争后，我决定给这枚鸡蛋取名"二格"，因为"二格"与英语中的"egg"同音嘛！

我用绿彩笔先给它画了一件"衣服"，再用黑笔画上"脸"和"眼睛"。噢！对了，还有"手"和"脚"。

我在"二格"的背上写上了它的名字，画了个框框，底下留着地方让老师写学号。

我小心翼翼地把"二格"用保鲜膜包了起来，工作完成了！

2009 年 10 月 12 日　星期一　雨转阴

护蛋第一天

今天是保护"二格"的第一天，我把"二格"又用保鲜膜包了又包，才放心地带到学校。

一进教室，我赶紧把"二格"掏出来，仔细地看了又看，确定没有问题后，才放下心来，把"二格"装回兜里。

整整一天，我都提心吊胆，生怕哪一个不妥当的举动把"二格"给伤着了。一点儿轻伤都不能有，看见了低年级小同学从我跟前跑过，我就绕着走。下课只有交作业、上卫生间才敢走动。

唉！真是太累了。

2009 年 10 月 13 日　星期二　阴转晴

护蛋第二天

今天，又是有惊无险的一天。

虽然我用我的外衣把"二格"裹得里三层、外三层，但是"二格"还是太调皮了。上课时，为了防止"二格"靠近"鬼门关"，我就把它固定了下来。可是……

在第三节课间休息时，李思卓一脸同情地向我走了过来，指了指地上。我疑惑地将头低下一看，差点儿叫出声来。哎呀！调皮的"二格"不知什么时候静静地躺在了地上。

我立即把"二格"捡起来，小心翼翼地把它放在手心上检查了一遍。唉！"二格"真是属于大错没有，小错不断的类型呀！这不，这一回也是，我还以为它"歇菜"了呢！但左看右看，终于发现它只是裂了一个小缝，并无大碍，真是太令人担心了。

看来，以后几天，我要以最最小心的状态迎接挑战！

2009 年 10 月 14 日　星期三　晴

护蛋第三天

今天是一个悲伤的日子！就在今天——2009 年 10 月 14 日，我那可怜的小"二格"正式"驾鹤西归"了，唉！

说起来还是我的错。今天下午考试时，我正在收拾三年级的板凳，可就在这时，"二格"那脆弱的不堪一击的小身体被坚硬的木桌碰了一下，只听见"咯嘣"一声，"二格死了"，我的心也碎了。我如机器人一般地坐下，把"二格"从口袋里掏出来看，"二格"的"身体"凹进去一大块，我真的是欲哭无泪了。我安静地把"二格"的"遗体"送进了饭兜中，不让它的"遗体"再遭到我这个粗心鬼的破坏。

回到家，我又找了一枚鸡蛋，取名为"二给"。但愿它不要像它的"前辈"一样，早早地离开"蛋世"。

2009 年 10 月 15 日　星期四　晴

护蛋第四天

今天起了个大早。我带着"二格氏传人"——"二给"，匆匆忙忙去了学校。

我非常担心它会像"二格"那样被我不小心挤压致死，所以，我用保鲜膜给"二给"穿上了一层又一层的厚衣服。到了学校，我把我的外衣脱下来，把它裹得严严实实！

下午要上体育课，我又担心起"二给"的安全了。

我小心翼翼地把"二给"带下楼，上课时把它放在了树丛中，这样就安全多了。

当"临时家长"还真不是那么容易！上体育课时，我总是想着可能发生的各种意外，生怕从树上掉下来什么东西，又怕被一二年级的小弟弟、小妹妹拿走怎么办？唉，当"父母"太不容易了！

2009 年 10 月 16 日　星期五　晴

护蛋第五天

今天，是"护蛋行动"的最后一天。我的同桌景天琛把她护的蛋"与狼共舞"保护得完好无损，真是令我既羡慕又妒忌呀！今天已经是星期五了，那些拥有原配蛋的人今天就要解放了。由于我太粗心了，原配蛋"二格"已经离我而去，但我还是要把"二给"保护到下个星期三。这真是太苦了。不过这也怪我自己粗心，谁让我没有保护好"二格"呢？

今天早上，我去看鸡蛋"死亡名单"时，发现竟有二十多个同学的"宝贝儿"已经死亡，真是可怜我班同学心啊！定睛一看，死去的原因多种多样：挤死、坐死、被狗咬死、跳楼而死……简直是"死法大全集"了。

我真希望"二给"不要再踏入那张"死亡名单"了。

2009 年 10 月 18 日　星期日　晴

颁奖词

　　事迹：景天琛坚持不懈护蛋，使她所护的蛋完好无损。

　　颁奖词：以前总可以看到一个爱跑、爱跳的身影，那就是你——景天琛。现在，那个身影不见了，取而代之的是一个小心翼翼的身影，那个身影还是你。因为你有了一个小"宝贝"，那就是"与狼共舞"。为了它，你干什么事都小心翼翼；为了它，你干什么都非常谨慎。许多人羡慕你，殊不知你为了"与狼共舞"，曾花费了多少精力，多少时间。啊，景天琛，你是我学习的榜样。

散文短章

秋雨的声音

沙沙沙，沙沙沙……

就像柔丽清新的旋律，更像温情脉脉的絮语，营造引人遐想的意境；它犹如潺潺的清泉，融入秋天，融入大地，融入每个人的心灵。

这，就是秋雨的声音。

秋雨来临，一幅绚丽明艳的画卷顿时展现在我们面前：看！山顶上烟雨迷蒙，仿佛一条条白龙绕着那青山翠峦。在那白茫茫的烟雾中，偶尔可以看见红彤彤的苹果，金黄的稻谷，红黄相间，构成一幅淡雅而又绚丽的图画。

秋雨落在枯黄的树叶上，发出"噼噼啪啪"的声音，和树叶一起打着旋儿飘落下来；秋雨落在苍绿的树叶上，使绿叶更显勃勃生机；秋雨落在快要成熟的果实上，使那一个个快要成熟的果实更加光彩照人。

沙沙沙，沙沙沙……

我喜欢倾听秋雨的声音。

秋天的颜色

　　我爱秋天，更爱秋天的颜色。

　　收获是秋天的主题。我来到田边，映入眼帘的是一眼望不到边的金灿灿的稻谷、黄澄澄的玉米、金黄的大豆……我来到果园，看到的是金黄的香梨、火红的柿子，还有那亮晶晶的葡萄、红彤彤的苹果和红艳艳的高粱……我来到高山之巅，火红的枫叶满山遍野，被秋风吹得刷刷作响。登高远眺，秋天就像一幅五彩缤纷的图画，向人们展示着迷人的姿彩。

　　我爱秋天，我更爱秋天的颜色。

感谢友谊

"朋友不曾孤单过……"，听着周华健的《朋友》，我问自己：人在一生之中最重要的到底是什么？是金钱，是生命，还是信念？抑或是勇气？

友谊最珍贵。

友谊，如一杯美酒，令人感到甘甜；友谊，如一条涓涓小溪，流过我们的心田；友谊，如一缕阳光，照亮我们的心房；友谊，如一阵暖风，温暖我们的心灵。

能够有一个知心的朋友，是每个人所向往的。在你失望和难过时，朋友会来安慰你，帮助你走出困难与伤心的低谷。友谊会像一缕阳光，照进心田，帮你驱散负面情绪所带来的阴影，帮你重拾快乐与温暖。

友谊是神圣的。

记得钟子期与俞伯牙的故事吗？钟子期死后，俞伯牙折琴断弦，从此不再弹琴。

是啊，知音既已死，以后还有谁能辨得出高山流水？既无知音，还不如绝琴断弦！

友谊，是快乐的。

在我过生日时，有那么多朋友为我唱起了《生日歌》，我觉得好快乐，好像自己是世界上最幸福的人。尽管生日过去了很长时间，但我仍然记忆犹新。

让我们珍惜每一个朋友，珍惜每一份真诚的友谊吧！

童年，是一首歌

童年，是天真的，总想着玩，却怎么也玩不够。

每当遇到烦恼时，想想以前，那些负面的情绪会被抛到九霄云外，一扫而光。

回忆童年时光，我感到幸福、快乐、无忧无虑。

童年，是一首歌，这首歌会使你心旷神怡，仿佛经过一场洗礼。

童年，是一首歌，这首歌会使你辗转回味，仿佛一颗糖果的余味。

我是一滴小雨点

我是一滴小雨点。我在严冬中整整等待了三个月，终于迎来了春天。

云姐姐抖动着身子，把我们从天空中抖落了下来，我飞快地扑向大地妈妈的怀抱。大地妈妈笑着说："孩子们，快来吧，小花小草们都在等着你们呢！"

我们嬉笑着，很快就渗进了土地，滋润着土壤。小花和小草都高兴地叫了起来："谢谢你，小雨点！"麦苗一见到我们，都伸开双臂，微笑着欢迎我们的到来。

伙伴们纷纷落在了大地上，春天的脚步越走越近了。

伙伴们还在不断地降落，发出一阵阵淅淅沥沥的笑声。大地也变得热闹了。小花小草抖动着身体，张着小嘴巴接住了它们。麦苗们兴奋地探出小脑袋，吮吸着一滴滴甘露。农民伯伯望着我的小伙伴们纷纷从天而降，笑得眼睛眯成了一条缝。

天放晴了，漫山遍野的花儿竞相开放，引来了无数的蜜蜂和翩翩起舞的蝴蝶，它们在明媚的阳光下，传授着花粉，辛勤地劳动着。

而我，春天的小雨点，已经沉睡在大地妈妈的怀抱中……

读书，真好

书是人类进步的阶梯，是人类最好的营养品。在书海里遨游，你总会找到无穷的乐趣。

书的种类繁多，每一种都有它自己的特点：小说的情节跌宕起伏，令人身临其境，不能自已；故事书中的内容，可以令你掉下眼泪，又可以让你忍俊不禁；童话可以把你带入一个奇幻的世界，这里什么事情都有可能发生；科技书中总有你所需要的知识；散文书中，诗一般的语言，可以陶冶你的情操；漫画的幽默可以给你带来快乐，让你在快乐中得到启迪。

中国是诗的国度，生活在这个国度的我们，更应该"饱读诗书，满腹经纶"。

读书，真好。

寻花

星期六早上，我路过邻居家的门前，不经意地看了一眼。这一看，把我吓了一跳：邻居家门前的小路边开了许多小花，在春日阳光的照射下，发出了一阵阵亮光。旁边的小花很多很多，把花枝都压低了。流连忘返的小蝴蝶在院子里翩翩起舞，自由自在的小黄莺正在欢快地唱歌……

我被眼前的景象惊呆了。

忽然，我想起唐朝大诗人杜甫的一首诗——《江畔独步寻花》：

> 黄四娘家花满蹊，
>
> 千朵万朵压枝低。
>
> 留连戏蝶时时舞，
>
> 自在娇莺恰恰啼。

这不就是大诗人描写的美妙的诗境吗？

我伫立在邻居家的门前，回味了很久很久……

温暖

在汶川大地震中，有许多人帮助了受灾人民，成为大家学习的榜样。

在绵阳市的平武县，一位名叫任冬的人在地震发生时，逃了出来。在听到幼儿园的孩子还没有出来后，他立刻奋不顾身地跑进了幼儿园，先后抱出了三个孩子。在救人的过程中，他的右手臂被拉了一个长15厘米、深1厘米的口子。因为没有及时处理、包扎，伤口化脓了，而且感染得很厉害。

听了这个故事，我很受感动。人与人不正是需要互相帮助吗？正如一首歌中唱道的"只有人人都献出一点爱，世界将变成美好的人间"！

踏青

春天的脚步刚到，我就盼望着去踏青。

今天一大早，爸爸开车带我和妈妈来到曲江池遗址公园。我深深地吸了一口气：空气好新鲜啊！这里到处是绿的柳，红的花，真是美不胜收。

春天来了！看！融化的冰水把小溪弄醒了。"叮咚、叮咚"，就像大自然的神奇歌手，小溪唱着清脆悦耳的歌，向前奔流。几只鸭子在河水中嬉戏，使我想起了古人的一句诗："春江水暖鸭先知"。河岸边，柳树舒展开了嫩绿的枝条，在微微的春风中轻柔地拂动，宛若一群身着绿装的仙女在翩翩起舞。

春天来了，红得如火的木棉花，粉色如霞的芍药花，洁白如玉的月季花，竞相开放。就连夹在柳树中间的桃树也绽开了鲜艳的花朵。它们有的花蕾满枝，有的含苞初绽，有的昂首怒放。一阵阵沁人心脾的花香引来了许许多多的小蜜蜂，"嗡嗡嗡"地边歌边舞。

公园里，一个个人物雕塑神态各异，栩栩如生：有的敲鼓，有的鸣锣，有的在吹唢呐，有的在引吭高歌……

我们来到了吟诗坛。吟诗坛呈圆形，中心是个广场，有人在那里唱歌。当他唱完一首蒋大为的《骏马奔驰保边疆》时，我们纷纷鼓起掌来："好！再来一个！"

路边的绿化带上，有许多运动器材：单杠、双杠、吊环……许多人在那里健身。

夜幕降临，走在回家的路上，我意犹未尽……

夏

夏天，空气里弥漫着淡淡的荷花清香。鸟儿在枝头不倦地鸣叫，吟唱着深情的赞歌。

天那样蓝，如游丝般缥缈，轻柔带着些许神秘。阳光从树叶的缝隙间斜射进来，照在人们肩上、脸上。于是，绽出花一般灿烂的笑脸，悄悄地消逝在那一片晴空之下。风渲染着夏天独特的色彩，云飘荡在美丽的天空之上，带来清爽，带来温馨。

在这多姿多彩的夏天里，最让人赏心悦目的便是清淡高雅的荷花了。在湖边，一朵朵婀娜多姿的荷花悄然绽放，带着诱人的芬芳，高擎着娇艳的花瓣，那样鲜艳，那样温柔。在浓浓的夏意中将生命绽放，亭亭玉立地依在碧绿的荷叶上，一切那么和谐，那么美丽。那湖中的荷花，如同茫茫夜空上的启明星，明亮而神圣。荷花毫无保留地把自己的美丽献给了人类……

太阳西沉，夜幕降临，一轮圆月从云海中荡出，宁静地笼罩着那带着甜蜜的梦的大地。夏夜，天空不是很暗，似乎有一层纱一般的薄雾。远处传来阵阵蝉鸣，在耳畔萦绕，这只有夏天才会有的合唱，是那么的悦耳动听。

夏天，一个令人心醉的季节，一个有着许多故事的季节，一个永远牵动人心的季节。

我爱夏天。

秋云

秋天，蓝宝石一样的天空，飘着雪一般的云，它们在天空中无序地飘动，或浓或淡，美丽至极。

早上，太阳初升，但乌云却遮住了它，太阳只好给乌云镶上了一层金边，好像在告诉人们它的存在；有时，云层不厚，阳光从乌云的间隙照射出来，而乌云也因此变成了金黄色，艳丽极了。

傍晚，太阳就要落山了。落日的余晖染红了半边天，如火的彩霞好像要把整个世界融化了。小朋友们见了，跳着叫着："火烧云啰！火烧云啰！"

夜晚，小星星眨着眼睛出现了，天空中只剩下几片云朵，梦幻般把星星遮得时隐时现，好像正在和人捉迷藏。

啊，我爱这秋日的云！

月光

夜，静悄悄的。我坐在窗边，等待着月亮升起。

看，那带着一圈金环儿的月亮，终于升起来了！月亮先是金黄金黄的，徐徐地穿过一缕缕青烟似的白云，冉冉升起。

月光如水，静静地洒在大地上，洒在开满了花儿的花坛，给花儿们罩上了一层神秘的面纱，微风吹来，飘舞飞香。花坛的影子，恰似一幅奇丽的图画，黑幽幽，静幽幽，啊，这就是那种梦幻般的美吧？

月亮，好似一个变化无常的婴儿：时而绷着又胖又圆的小脸，像是生了气；时而又弯着小嘴，乐呵呵地笑着。

月亮，又好似一个顽皮的孩子，常和星星捉迷藏：有时它躲在树梢后，有时它躲到险峻的山岭下，有时它躲在云层里……星星总也找不到它。

啊，美丽的月光！

古城之秋

不知不觉，秋天已经迈着轻盈的脚步向我们走来了，偶尔开窗透气，仿佛都能嗅到秋天那特有的芬芳。

清晨，我哼着小调走在宽阔的林荫大道上，天是那么的蓝，蓝得没有一丝杂质，而云朵，不时变幻着身姿，向人们展示她那独特的魅力。晨曦下，草坪上的露珠闪着晶莹的光芒，整个古城西安有一种独特的和谐美。

中午，本应是一天之中最令人感到温暖的时刻，但是直到现在，早晨那种凉意似乎还没有退去，空气中仍夹杂着淡淡的寒风。倚窗眺望，秋阳早已挂起，透过那层薄雾，显得娇柔、美丽。终于，一缕阳光洒向大地，唤醒了城市。慢慢炙热起来的阳光，使午后景色又变得明丽，归还了本属于她的温暖。秋季的午后总是这么晚，却可使劳累了一上午的人们感到秋之清香明丽。

黄昏，可以用"来也匆匆，去也匆匆"来形容。它总是那么短暂，让人还没看清它的真面孔，就溜走了。天色暗了下来，连远处的高楼也若有若无，不像早上，突然就撞进了我们的视线。空气沉闷干燥，使大树也暗淡了下来。要说独特，也只有那柏油马路上的汽车了吧！响着汽笛，开着车灯，为黄昏增添了许多生机。

夜幕降临，路边的灯光渐渐地亮了。星光早已布满了整个天宇，明亮又柔和，像一颗颗珍珠，闪着洁白的光。一颗、两颗……无数颗，点亮了我们因烦躁而干涩的双眼，也洗涤了我们的心灵。那个夜，星光成了人们心中永远的憧憬。只因为像一盏灯，让我清楚地看到了秋之美。

我永远忘不了那个秋季，古城西安之秋季。

爱，有时很简单

爱，有时很简单。一个十分贫穷的工人家庭，因为快要过年了，他们把一年的积蓄取出一部分来买肉。大年三十，家里包了大肉饺子，孙子一看见，眼睛都直了起来。奶奶就把自己碗里的饺子用筷子一个一个夹给了孙子，孙子又马上一个一个夹了回去，说："奶奶不吃，我也不吃！"霎时，奶奶的泪悄无声息地流了下来。站在一旁的妈妈也忍不住背过身去，擦拭着眼中的泪水……

爱，有时很简单。在拥挤的公交车上，一位年近古稀的老人脚步蹒跚地上了车，车上的一位小朋友见了，马上给这位老爷爷让了座位。老爷爷坐下后，非让这位小朋友也坐一半，推来让去，小朋友还是没有坐，"爷爷！您坐，我不累！"

爱，有时很简单。一个二年级的小学生，在操场玩耍时不慎把脚踝扭伤了，小同学们不容分说，把他送到了医院。匆匆忙忙赶到医院的妈妈，望着儿子和他的同学们，激动得说不出话来。

爱，有时很简单。一位事业有成的儿子，在病床前陪着年迈多病的老父亲，日日夜夜，眼睛都生出了红血丝，医药费一万又一万，可是他毫不心疼，只要可以治好父亲的病，花再多的钱他也愿意！

……

爱，就是这么简单。

小台灯

每当天色渐渐暗下来时，我就轻轻地打开我那盏造型别致的小台灯。

这盏小台灯通体金黄，是一辆车的造型。在车的顶棚下有一个表，表上写着"龙飞凤舞"和"马到成功"两个成语，表盘中间写着一句名言："书山有路勤为径，学海无涯苦作舟。"

如果你是第一次看见它，也会跟我第一次见到它一样，找不到开关。第一次见到它，我摸了半天，才找到秘密所在。原来，开关就在车的前轴上。这个开关是触摸的，只要用手轻轻地摸一下，灯就亮了起来。

每当我觉得学习很累时，就想偷一下懒。每次屁股刚一离开凳子，那盏灯就好像在提醒我应该刻苦学习。所以，我刚抬起的身子又坐了下去，继续读书、学习。

有一次，我考试只考了 79.5 分，妈妈回家后把我狠狠地批评了一顿。我哭了。晚上，当我打开台灯时，小台灯好像在说："一次失败并不可怕，可怕的是从此气馁。你要记住，失败是成功之母！"我擦干眼泪，对自己说："这一次没有考好，是因为粗心大意，只要改正，下一次一定可以考好！"

这盏小台灯陪伴我走过了三个春秋。它总是在我受到挫折时鼓励我，在我取得成绩时告诫我不要骄傲。它不仅陪伴着我写完作业，还陪伴爸爸修改文件，陪伴妈妈为我织毛衣。它宛如一盏指路明灯，为我指明了前进的方向。

可爱的小台灯，我喜欢你！

节约粮食

"锄禾日当午，汗滴禾下土。谁知盘中餐，粒粒皆辛苦。"随着我们生活水平的不断提高，浪费粮食的现象越来越多。就拿我们学校来说，每天都会发生浪费粮食的事情，而全国还有八千万人吃不饱饭呢！

现在，浪费的现象越来越多，而世界上还有那么多的人吃不饱饭，那些浪费粮食的人是否会感到愧疚而脸红呢？如果我们想一想非洲的难民、汶川灾区的同胞，也许浪费粮食的现象就不会发生了。

也许，在浪费粮食时，同学们可能会想，反正我家也不缺这点钱，浪费了也没什么关系。有时候，有人会把吃剩的饭菜不假思索地倒掉。可是，你想过没有，如果你几天没有吃饭，饿得发昏，你还会再这么浪费粮食吗？

浪费粮食，浪费水，浪费农民伯伯的辛勤劳动，丢掉的是我们中华民族的美德。想想，浪费粮食还意味着浪费了什么东西？

书，像阳光一样

在我的幼儿时代，我还不认识字。那时，爸爸妈妈经常给我讲书里边的故事，如《白雪公主》《卖火柴的小女孩》《西游记》等。所以，我始终认为，书是一个神秘的东西，里面装了许许多多动人心魄却又十分好听的故事和童话。

上一年级时，我学会了拼音，认识了一些汉字，自己也能读一些带拼音或简单汉字的书籍了。真正读起来才发现，原来世界上有那么多书呀！爸爸也很喜欢读书，他的藏书多极了，有小说、史书、科技书……我望着这些书，真想一下子就把它们全都读完。

书，像阳光一样，照亮了我的心。

◎ 小学六年级

阳光的天空

我喜欢天空。无论是万里晴空，还是愁云惨淡；不管是阴雨绵绵，还是阳光四射；不管是层云叠叠，还是一望无际的蔚蓝，都是那么美丽，都是那样真切地表达着自己的感情。

今天，阳光灿烂。

上午上美术课时，我无意向窗外瞥了一眼，看见了蓝蓝的天，好美。清纯的蓝色穿插在几棵古树之间，蓝色的天空上飘着几朵白云。阳光透过窗户，倾洒在教室里，光线恰到好处。那是一种美，一种无与伦比的美。

在放学回家的路上，我独自一人漫步在草地上，整个人被绿色包围，一股绿草特有的清香萦绕在我的四周，沁人心脾。旁边几棵树，光秃秃的枝丫仿佛是一只手，在我头顶很高很高的地方挥舞着。冬日温暖的阳光透过枝条，斜射下来，地上尽是阳光的影子。伸出手，想去抓住那柔和的阳光，却怎么也抓不着，只好用心去感受那阳光的温暖。

美，就在身边

常读那些富含哲理的美文，一直不解"美就在身边"的寓意。于是，我一直在探寻着周围一切事物内在与外在的美。

那天放学回家，天冷飕飕的。在这个寒冷的季节里，连水也冻成了冰，即使裹着棉衣，仍觉得寒风刺骨，浑身直打寒战。

环视四周，忽然发现墙角有一抹暗红——梅花！我平静的心情陡然间变得激动起来。是梅！在这寒冷的冬天，它却开放了。梅花清淡的幽香传了过来，令我陶醉。我快步走过去，暗红色的花瓣绽开来，正在寒风中摇曳。

春天，是个百花齐放的季节，桃花、梨花、迎春花竞相开放。而在这个寒风刺骨、万花凋谢的季节里，梅却开放了，它不与百花争宠斗艳，只在雪中展示自己的傲骨与气节。梅如君子，傲然挺立在天地之间。

看梅，蓦然发现，周围并非没有美的事物，美就在身边，只是我们以前没有注意发现罢了！

雪景

早上起来，倚窗而望，外面白皑皑一片。雪落在树上，压低了树枝，脚踩在松软的雪上，发出了"咯吱咯吱"的声音。踩在雪上，感觉如同腾云驾雾一般，进入了神话世界。

冰雪已化掉了一小半，还有些结成了冰，只是大部分还保持着它那不容侵犯的洁白的原貌，抓起一把，握在手心，冰冷的雪使我不禁打了个寒战。待把手张开时，雪已化成了水。

水，有固体、液体、气体三种形态，而上帝却把它的灵感全部倾注在了固体之上：雪花姿态万千，各不相同，寒冰透明晶亮，形同钻石……雪的美妙无与伦比！

踩在落了雪的大理石上，每走一步都要小心翼翼。不仅是怕自己滑倒，更是怕破坏了雪的纯洁。

人多的地方，雪已融化成了一摊摊水，浸润着大地与她的绿衣。

雪花是美的，雪景，更是美的。

心动时刻

清晨，冬日的暖阳照在我的身上，格外温暖。往窗外一看，大地银装素裹，白茫茫一片。

"下雪啦！"我匆匆忙忙吃完饭，穿戴整齐就跑下了楼。用手抓起一把雪，感受着一丝冰冷在身上蔓延。渐渐地，松软的白雪化成了一摊水，水很干净，干净得没有一丝杂质。带着体温的水一滴一滴落在地上，地上的雪开始融化，呈现出一片绿色，是小草！它可真是顽强呀，就在这寒冷的冬季，它依然顽强地生长在皑皑白雪下。

远处，几棵松树傲然挺立着，给美丽而又单调的冬天平添了几分色彩。突然，一团雪从屋檐上掉了下来，掉在了松枝上。正当我担心松树的枝条会不会断掉时，它却像一道半掩着的门，一下子敞开了，雪没有任何阻挡，掉到了地上。地上的雪，白亮亮地，我好想在上面走一走，但那份洁白，让人不忍心踩它。雪是神圣的，不容许任何人玷污。摇了摇头，我把这个想法从心中抹去。

生活中，让你心动的世界何止这些，诱惑又何止这些？把握好自己，才能把握好人生。

我喜欢……

我喜欢蓝天。蓝色的天空，不时有小鸟飞过。如果是在海边，水天一色，叫人分不清哪里是海，哪里是天。到了傍晚，天变成了暗红色，海也变成了红色。随着太阳慢慢坠落，天空便慢慢暗了下来……

我喜欢大地。大地用她广阔的胸怀，孕育和滋养着万物生灵、一草一木。

我喜欢太阳。日出前，东方出现鱼肚白，大地渐渐地光亮起来。天渐渐破晓，淡青色的天空镶着几颗残星，大地朦朦胧胧的，如同笼罩着银灰色的轻纱。在东方，天际、山峦、树梢都像盖上了一层红色锦缎——那是朝霞，太阳就要出来了。旭日渐渐升起，朝霞好像高炉里炼出的铁水，光芒四射，令人不敢直视。须臾，红日冉冉上升，光照云海，五彩纷呈，灿若锦绣。

我喜欢月亮。十五的晚上，就会有圆月出现。美丽的圆月简直就像一个洁白无瑕的大玉盘，晶莹纯净，高悬在苍穹。皎洁的月光洒在大地上，如同白昼。"月到中秋分外明。"中秋节的晚上，一家人围坐在一起，赏着月，吃着月饼，别有一番情趣。月光如水。满怀情趣的朝天空望去，正是"圆光正东满，阴魄已朝凝"了。

一件新鲜事

大千世界，无奇不有。

最近，网络上出现了一个叫"罗玉凤"的人。这罗玉凤何许人也？且听我慢慢道来。

这罗玉凤身高一米四六，相貌平平，是一家超市的收银员。按说像她这样的人，本应是平平庸庸的，但是这罗玉凤却万分地自信，这自信从哪里看出来？从她说的话里就可以听出来。

"以我现在的智力，往前推三百年，往后推三百年，没有一个人可以超过我的。"这句话就出自罗玉凤——"凤姐"之口。什么叫自大？这就叫自大！一个只有小学文化水平的人，说出这话就十分不易了。

下面的一句话不仅仅雷倒了我，还把我雷焦了。"以我现在的水平，我读的都是一些社会人文类的书，比如《故事会》之类的。"这一句话可把我雷得够呛，这《故事会》都是些什么人读的，我可从来没见过富有知识的人手里整天捧着一本《故事会》看。

更雷人的是她的征婚条件：北大经济学硕士，身高一米七以上……我倒想问问："你的条件那么高，你配得上人家吗？"

说到这里，我不由感慨："牛人年年有，今天特别多。随便拢一拢，能煮一大锅。"

万花筒

看月亮

昨天，我正在家里看电视，忽然，姐姐叫了起来："月亮出来了！"我急忙跑到阳台，叫爸爸妈妈和我一起来看月亮。

这天正是农历八月十五，中秋节，所以，我们看到的月亮很圆。

我看着月亮，忽然想起我在小学三年级学的《古朗月行》。《古朗月行》是唐代的大诗人李白作的，我尤其喜欢诗中的"又疑瑶台镜，飞在青云端"。这不正是描写月亮的佳句吗？我想：既然有描写月亮的诗，就应该有月亮的别称雅号。于是，我就在家里的书架上找了起来。果然，我在爸爸的《唐诗鉴赏词典》上找到关于《古朗月行》的鉴赏文章。古人关于月亮的雅称很多，主要有：素娥、嫦娥、广寒宫、婵娟、冰轮等。

找完了资料，我又回到了阳台，仔细欣赏天上的圆月。乍一看，月亮洁白无瑕，再仔细看，却有了点点黑斑。我想，这些黑斑可能就是月亮的环形山吧！这时，月亮越来越亮了，月光如水。皎洁的月光静静地洒在大地上，大地披上了灰色的纱裙，高楼大厦笼罩着一层薄薄的银纱，一排排苍翠的树木依稀可见，远处的秦岭山脉影影绰绰，我一下想起了唐代大诗人李白的《静夜思》：

> 床前明月光，疑似地上霜。
>
> 举头望明月，低头思故乡。

圆月的旁边，有两颗星星，一颗十分明亮，一颗暗淡无光，旁边没有一丝云朵。我想：成语"月朗星稀"大概指的就是这种场景吧！这时，妈妈端来了一大盘月饼和各式水果。我们一家聚在一起，坐在阳台的小桌前，吃着月饼、水果，赏着中秋的月亮，一家人其乐融融……

不知过了多久，我还在陶醉着。这时，妈妈过来说，天不早了，该上床睡觉了，明天还要早早起床呢！

躺在被窝里，我脑子里萦绕的仍是月亮。就这样，我不知不觉地睡着了……

验证天气谚语

西安的夏天，酷热难耐。一天下午，我到楼下去乘凉。不经意间，我在小区的广场边上发现了一群蚂蚁正在搬家。于是，我蹲下身来，仔细地观察起来。

蚂蚁搬家，是由一只大蚂蚁带领许多小蚂蚁，排成"一"字形队列浩浩荡荡地来回奔忙着，显得十分忙碌。

你看！它们在蚁穴附近爬进爬出，忙忙碌碌，掰一些面包屑往洞口一撒，它们便倾巢出动，将面包屑集体搬回到洞里。蚂蚁也贪食如命，一旦找到食物资源，便显得十分兴奋，搬运速度要比平时的行进速度快好几倍。民以食为天，这小小的蚂蚁也是"蚁以食为天"吧！

看着看着，我突然想起了一句谚语："蚂蚁搬家晴必雨，蜘蛛结网雨必晴。"我就想："这条谚语是不是真的呢？它们为什么要搬家呢？"我想来想去，可还是没有想出来。于是，我飞快地跑上楼，查阅《十万个为什么》，这才知道，蚂蚁搬家是因为空气气压太大，所以它才要搬家。我想："原来是这个原因啊！"

就在这时，姐姐突然叫道："下雨了！"我急忙跑到窗前，哇！果然下雨了。我透过玻璃窗向外望，远处什么也看不清，只有迷蒙的水雾笼罩在天地之间。

古人总结的天气谚语真奇妙，只有勤于思考的人才能发现。我们要学会观察大自然，了解大自然，热爱大自然，总结大自然的规律，以便更好地安排好人们的生活。

一本好书

一天，爸爸给我买了一本书——《小学生限字作文400字》。

这本书的封面上画了一只小鸭子正在玩滑板，精美的封面一下子就把我给吸引住了。一看目录，作文内容更是全面，有写人篇、记事篇、写景篇等。我先翻开书读了一篇《参观颐和园》，小作者写得很好，把颐和园描写得很仔细。我想，怪不得这本书会选这篇作文呢！

我又读了一篇《朝阳花园》。这篇作文有许多比喻句，如"早晨的花园好像是一片花海"等精彩句子，让我爱不释手。

　　我希望主编们能给一些比较难的字加上拼音，这样，我们就不用查字典了，读起来也就方便多了。

　　读完这本书后，我发现写作文不再难了。以前，我两三个小时才能写好一篇作文。读了这本书后，现在，我一两个小时就能写一篇作文了。我真感谢爸爸，是他给我买的这本好书。同时，我也希望小朋友们都能读读这本书！

第一次买东西

　　记得四岁那年，我还在上省政府机关幼儿园。一天，妈妈神秘地对我说："勇剑，妈妈今天给你一次锻炼的机会，让你自己去买东西，行吗？"我高兴得手舞足蹈，连声说："好！好！"随后，妈妈交给我一张崭新的10元钱，还一再叮咛："不要把钱弄丢了。"

　　妈妈带我来到幼儿园旁边的省政府超市。妈妈让我从入口进入超市，她在出口处等我。我提着一个筐子迅速钻进超市，在里头溜达起来。

　　这超市可真大呀！里边的商品琳琅满目，应有尽有，一排排货架摆放得十分整齐，把我看得眼花缭乱，都不知道选什么好了。最后我选了几样喜欢的东西。到了收银台，阿姨很快算出了需要的钱数。可是我一听报价，我带的钱不够呀！这时，妈妈走了过来，把差的钱交给了收银员阿姨。

　　走出超市，妈妈对我说："你真棒，学会自己买东西了！但是，买东西一定要看自己带的钱够不够，还要看买的东西是不是需要。每一分钱都来之不易，绝不能浪费！"

这件事已经过去好几年了，我至今记忆犹新。妈妈的话时常萦绕在我的耳畔，使我终生难忘。

一张旧照片

在我家的相册里，至今珍藏着一张旧照片。那是 2000 年的春节，当时我才三岁，爸爸妈妈带着我，回甘肃老家过春节时拍的。

我的老家在陕甘交界处，山大沟深，交通不便，我们回一趟老家很不容易，山里头的人想出来一趟也非常困难。听爸爸说，几年前，山里还不通公路，也不通电，村民们要到乡里赶集，天不亮就得起床，打着手电筒出门，等赶集回来时天都黑了。还有许多老年人，一辈子连县城都没去过。这次回老家，爸爸特意带了一部照相机，要为我们家拍一张全家福。

这是一张在窑洞前拍的照片。照片中有爷爷、大伯、爸爸、妈妈和我。爷爷慈爱地抱着我，脸上笑呵呵的，好像在说："终于见到了盼望已久的孙子了！"爸爸和妈妈站在两旁，全家人的脸上都露出了开心的笑容。

一晃七年过去了。现在，公路修到了大山里，汽车开进了小山村，山里的东西可以卖到山外去了，山里人也可以出山了。公路把山里山外连成了一体，村子里家家户户买了大彩电，山里人终于可以看到外面的精彩世界了。

每当我拿起这张旧照片，都会勾起我无尽的思绪……

难忘母子情

又是一个寒冷的冬天。每到这时，我便想起童年时一件难忘的事。

那是一个雨雪交加的下午。放学后，同学们都一个一个被爸爸妈妈接走了，只有几位同学在校门口等家长，我也在门口等妈妈来接我。一会儿，他们也很快被爸爸妈妈接走了，只剩下我一个人孤单地站在那里张望。突然，妈妈一路小跑着过来，一边跑一边把棉袄脱了下来，给我披上，她自己却冻得瑟瑟发抖。我对妈妈说："妈妈你穿上吧！"可她却说："我不冷。"我只好听妈妈的话，把棉袄披上。看到雨雪打在妈妈瘦弱的身上，我心中充满了感动和不安。

妈妈受冻的样子我实在不忍心看下去。于是，我把棉袄脱了下来，给妈妈套上，妈妈拗不过我，只好披上了。虽然雨点打在身上很冷，可我心里却很高兴，因为我做了一件孝敬妈妈的事。

冬趣

2005年冬天的一个下午，不知道谁在外面喊："下雪了！下雪了！"我急忙穿好衣服，跑到外面。啊！果然下雪了，一片片洁白的雪花落在地上，漂亮极了。

几个小伙伴们正在雪地里玩雪仗，我也加入其中，当了一名"小兵"。我们先把大家分成两派。我对我们的同伴说："我们先装作兵力不够，先在后方造很多雪球，然后一起扔出去，我们不就赢了吗？"

我们按照计划行事，果然就把他们打输了，我和同伴们开心极了。

接下来我们又玩了很多游戏，如：堆雪人、滚雪球……

冬天的雪景是迷人的，冬天雪景中的童趣是快乐的。

我喜欢冬天。

自己克服困难

有一天做作业，我有一道画图题不会做。苦思冥想了好长时间，还是没想出来。我想：应该先找到突破口。过了一会儿，突破口找到了，可还是不知道下一步该怎么办。

我绞尽脑汁，想了许多办法，终于想出来了。啊！这道题终于想出来了。

就在这时，妈妈回来了。妈妈看见我还没有写完作业，就问我原因，我把我做题的收获告诉了妈妈。妈妈说："遇到困难就应该多思考，不要被问题吓倒。有一句话：困难像弹簧，看你强不强。你强它就弱，你弱它就强。"

我记住了妈妈的这句话。从此，每当我遇到问题，就认真思考，查阅资料，我的学习成绩也进步了不少。

《炮手》续写

将军听了炮手的话，惊愕地问："你知道那是你的房子，为什么还要开炮呢？"炮手回答说："因为它被德军占领了，它已经不是我的房子了，所以我要开炮。"炮手的脸颊上流下了两行热泪。将军向炮手敬了军礼，炮手也向将军回礼。将军向炮手说："我们每个人都要向你学习。"

过了很多年，战争结束了，炮手回到了家乡。

"喂，伙计，是你呀！"一个声音叫住了他。他抬头一看，原来是自己小时候的玩伴。"现在房子没有了，你打算怎么办呢？"

炮手说："我打算把它重新盖起来，毕竟是几代人住过的房子，不能毁在我的手上。" 玩伴说："我们也来帮你建吧！"

炮手说："谢谢你！"

玩伴叫来许多村民，锯的锯，钉的钉，很快就把房子建成了。

炮手望着乡亲们帮他建起来的房子，笑得那样甜，笑得那样美。

从此，炮手又过上了幸福的生活。

收获

一天，爸爸对我说："咱们今天去一个好地方。"我迫不及待地问："去哪儿？"爸爸神秘地说："去了就知道了。"

到达目的地后，首先映入眼帘的是一片田园风光，引人入胜。突然，一个大门挡住了我的视线，上边还挂着牌子。仔细一看，上面写着：关中风情园。

走进园子，只见一幢幢仿古房屋井然有序地坐落在园内。过了大厅，便到了果园。果园里有很多果树，有苹果、柿子、石榴等。工作人员说："这些果子大家都可以采摘。"

听了这话，我马上采摘起来。不一会儿，我就摘了一大筐。

这时，天色渐渐暗下来了。爸爸向工作人员付了钱，我们便恋恋不舍地离开了果园。

交通工具的变迁

每当看见放在地下室的自行车和摩托车，我都会思绪万千。

以前，妈妈买了一辆自行车，我可高兴了，整天缠着妈妈带我出去玩。当我坐在妈妈的车子上，穿过大街小巷时，心里甭提有多美了。

过了几年，妈妈又买了一辆摩托车，摩托车的速度很快，但安全系数低。有一次，由于妈妈开得太快，我差点儿当了"飞人"。所以，摩托车很快就被淘汰了。

又过了几年，爸爸买了一辆小轿车。当我坐在车上，听着音乐，看着路两旁的树木疾速向后"移动"，那简直就是一种享受。

我们家交通工具发生的变迁，都来自于祖国的发展变化。现在，我要好好学习，将来发明更多、更快、更好的交通工具。

白球

白球，是一只猎犬的名字。

白球居住在我的老家——甘肃华池。那里是黄土高原，到处是一眼望不到头的黄土沟壑。

我第一次见到白球的时候，它还只是一只小狗。大伯告诉我，这是一只猎犬。我吃惊极了：这哪里是猎犬呀！它整天只知道吃、喝、玩、睡，一点也不像我从电视上看到的猎犬那么勇敢、凶猛。可是大伯说，上次白球跑出去好几天没回来，回来时竟然叼着一只野兔呢！大伯的话使我不禁对白球刮目相看！

有一年春节，我回到老家，发现白球已经长成了一只大狗，通体雪白，强健勇猛。真是"狗大十八变"呀！我都差点儿没认出它来。就在这段时间，白球一次又一次地猎到了野兔。

白球真不愧是一只猎犬！

白球的血统虽然是猎犬，但它也是一只出色的牧羊犬。有时它很通人性，每当羊妈妈找不到小羊时，它总会把丢失的小羊叼回羊圈里，让它重新回到羊妈妈的怀抱。

不仅如此，白球还是一位出色的母亲呢！它一窝生下了 7 只小白球。厉害吧？ 7 只小白球总是跟在妈妈后面形影不离。

好几年没有回家了，不知道那 7 只小白球现在变成什么样子。也许，它们也像它的妈妈那样，成为优秀的猎犬了！

同学的优点

我有一个同学，叫戚钊宁，他有很多优点。

戚钊宁是一个聪明的男孩子，他长着一双会说话的大眼睛和一只能说会道的小嘴巴。

他学习很好。在我们班，他的学习成绩是数一数二的，每次考试都能取得好成绩。他也有遇到问题的时候，每当这时，他都刻苦钻研，或请教老师，或与同学探讨，或上网查资料，"咬定青山不放松"，直到把问题解决为止。或许，这就是他成绩优秀的缘故吧！

因为他英语学得特别好，所以，他就成了英语课代表。每到英语课，他就上讲台领读英语。

有一次，我脚骨折了，英语老师让我拿他的课堂作业去补，本子一翻开都是 A 或 A+，尤其是听写，都是 100 分！我问他："你的英语作业怎么每次都这么优异呢？"他说："没什么！学习英语只有勤记，勤背，勤练习，没有捷径可走。"

我很佩服戚钊宁。

放炮仗

春节快要到了。在我的记忆之中，春节最有意思的事便是放炮仗。

春节前，我去小区的商店买那种最便宜的火柴炮。火柴炮的玩法很多：只需点燃后扔进水里，静待一会儿，便可以享受到"沐浴"的感觉。还可以把几根火柴炮里的火药挤出来，再把另一些火柴炮摆在火药的四周，点着火药，便可把火柴炮引燃。听着噼里啪啦的鞭炮声，我心里不知有多高兴。

我最喜欢的炮莫过于"陆海空"了。"陆"就是火柴炮；"海"则是"鱼雷"，可以放入水中；"空"最有意思，可以飞到空中，发出"嗖嗖"的声音，几只齐放，像金龙在空中飞舞，美丽至极。

有时，我们还搞恶作剧，把"鱼雷"扔入水中，毫不知情的朋友路过"雷区"时，经常会被爆炸声吓一跳，然后水花迎面扑来，朋友就会变成"落汤鸡"，而我们却躲在角落里偷笑。反应快的发觉是我们干的，立马就大喊着与我们上演一场"猫和老鼠"的追逐战，而这一场场追逐战，总是以我们"老鼠"的胜利收场。

别开生面的"宝宝奥运会"

2008 名 5 岁以下的中国宝宝和外国宝宝集中在一起，开起了运动会，那将会是什么样的场面？昨天上午，2008 名中外小宝宝相聚西安交大财院，进行了一场别开生面的"宝宝奥运会"。

2008 个宝宝随着爸爸妈妈来到运动场上，跑道四周用白色帐篷搭成的游戏区，里面的小点心和奶粉馋坏了宝宝们，他们充分发扬了"更快、更高、更强"的"奥运精神"，一溜儿烟地跑着、爬着去找自己的最爱。

9 点整，2008 个宝宝组成 11 个代表队，陆续进入赛场。场上 7 面不同颜色的旗帜，代表 7 个年龄段的参赛组。宝宝运动员进入各自的赛区展开了一轮轮的激烈比拼。比赛项目有：足球、篮球、腹部冲浪、小小爬行者、蝴蝶飞飞等。

"障碍爬"项目要求宝宝爬过特制的运动器材，需要发挥攀、爬、抓、平衡等能力。只有准确判断前方的障碍，采取相应措施，才能到达终点。这个充满挑战的项目，小运动员们一点都不害怕。比赛结束后，宝宝们还要求再赛一次。

经过一天的比赛，300名宝宝获得了各个项目的金、银、铜奖。宝宝高兴，家长也兴奋。这场宝宝运动会，不仅让宝宝体验到运动的快乐，更重要的是，在宝宝幼小的心灵里留下了竞争的意识，埋下了奥林匹克的种子。

在我成长的道路上

在我成长的道路上，我最感谢的人就是妈妈。在我走过的十年风雨中，妈妈是我人生道路上的一颗启明星，为我指引着前进的方向。

记得上一年级时，有一次，我想和小朋友出去玩。出去玩免不了要买东西，买东西肯定是要花钱的，可碰巧我的零花钱用光了。想来想去，我决定向妈妈要钱，可妈妈把钱管得很严，我就想了一个办法来要钱。

我对妈妈说："妈妈，学校要捐钱。""要多少？"妈妈问。我支支吾吾地说："10元钱……就够了。""可老师并没有通知呀？""我——我——"我支吾了半天说不出话来。妈妈一直盯着我的眼睛，问："你是不是想要钱出去玩？"我不好意思地说："是的。"妈妈语重心长地说："我知道你想出去玩，可是如果你直接向我要的话，我一定会给你的。撒谎的孩子我可不喜欢！"说着妈妈把一张崭新的10元钞票递到了我的面前。我接过钱，惭愧地低下了头，说："妈妈，对不起，我错了！"妈妈微笑着点了点头，说："知错能改就是好孩子！"

在我成长的道路上，这件事只是一个小插曲。每当我萌生撒谎的念头时，我就想起了妈妈对我的教诲。

妈妈，您永远是我人生道路上的指路明灯。

打雪仗

"真冷呀！"

走出门外，我不禁打了一个寒战。外面的天地是银白色的，寒风像刀子一般刮过人们的脸颊。顿时，脸颊一阵阵刺痛。

突然，我感到脖子上一阵冰凉，一转身便看到了钱屠雨枫的笑容。我怒火万丈，举起身旁的雪球，一边大叫道："你给我等着！"手上的雪球便随着我的叫声飞了出去。钱屠雨枫却向旁边一跳，灵巧地躲开了。

这时，我感到背后被砸中了。一回头，翟振雄正对着我嘻嘻地笑，再一看钱屠雨枫，他也对翟振雄怒目而视。于是，翟振雄就成了"人民公敌"。我与钱屠雨枫联合起来攻击翟振雄。不一会儿，翟振雄就像一个雪人，浑身沾满了雪，落荒而逃。

我和钱屠雨枫之间的战争又开始了，两人之间的雪球飞来飞去，可就是砸不中对方。翟振雄又跑来捣乱，一会儿和钱屠雨枫开战，一会儿又向我宣战。结果他被我们两个人的雪球联合攻击，被打得抱头鼠窜。

真过瘾！

对于我们孩子来说，冬天，最大的乐趣莫过于打雪仗。

奥运到我家

2008 年的北京奥运会快到了，我们一家都很高兴。我决定，开始我的"奥运行动"。

我该为奥运做些什么呢？我脑袋里灵光一现：到了奥运会开幕的时候，肯定会有许多来西安旅游的外国人去北京的。帮助外国客人，不就可以增加他们对中国的好感吗？好！就这样做！

心中拿定了主意，我就来到了外国游客最多的地方——钟楼。果然，过了一会儿，有一位外国游客用不太熟练的汉语对我说："小朋友，去城堡大酒店怎么走？"我听了，一字一句地说："您向前走，出了南门，向右拐就到了！"外国游客听了，对我竖起大拇指，说："中国小朋友，真热情！"我不好意思地说："没什么。"外国游客对我说完"谢谢你，小朋友"之后，就按照我指的方向去找酒店了。

这就是我的"奥运行动"，你呢？

参观爸爸的工作单位

寒假的一天，我来到举世闻名的中国农科城——杨凌农业高新技术产业示范区，参观了爸爸的工作单位——农业科技报社。

爸爸带我来到编辑部，叔叔阿姨们正在忙碌地工作着。他们有的在电脑上整理资料，有的在编辑稿件，有的在设计栏目，还有的正在跟记者进行交流……

报社出版两种报纸，分别是《农业科技报》和《杨凌时讯》。两种报纸都是彩色印刷，版面设计十分精美。其中《农业科技报》

还是省级著名报纸，发行遍及全国，农民伯伯们都十分喜爱。

在出版中心，叔叔阿姨们正在忙碌地录入、校对、排版。值班总编刘伯伯告诉我，出一张报纸需要录入、初校、排版、二校、三校、改版、编辑部主任审改，最后由值班总编签字印刷等许多道工序。叔叔阿姨们的工作十分繁忙，他们为千千万万的读者奉献着最有价值的新闻和信息，每天都在不知疲倦地工作着，有时连饭都顾不上吃，有时还要加班到深夜……

走出报社，我想：办好一张报纸可真不容易啊！

有趣的手影游戏

今天下午，我们班做了一次有趣的手影游戏。

这次游戏的主持人是我们班的卢静远。只见他大摇大摆地走上讲台，高声说："哪位同学上来给大家表演一下？"

话音一落，李思卓就蹦蹦跳跳地上了台。只见李思卓竖起了大拇指，其余四指并齐，再用另外一只手的四个手指搭在大拇指旁，两个大拇指叉开一点，一只可爱的小狗就做成了。随后，他又将小指与食指分开一些，两个大拇指微微颤动，极像一只小狗。

接下来是高胡婉迪表演。高胡婉迪将手交叉，做出了一个螃蟹的样子。戚钊宁将小指、无名指、中指蜷起来，食指稍微弯曲一点，将大拇指指甲抵在食指关节处，一只栩栩如生的小鸟就做成了。其他同学也纷纷仿效，做着不同的手影游戏。

"丁零零……"下课铃响了，我们还沉浸在手影游戏的快乐中，久久不愿离去。

精彩的一瞬

人生有许多精彩的瞬间。在我的记忆中，永远忘不了2004年雅典奥运会上，刘翔大哥哥夺取金牌时的那一精彩瞬间。

那天下午，我全神贯注地盯着电视屏幕，心情万分紧张。

出来了！刘翔大哥哥出来了！他身上穿着红色的运动服，神色泰然地站在了四号跑道上。

"砰！"随着发令枪响，运动健儿们如离弦的箭冲了出去。当然，刘翔大哥哥也在其中。

一个栏、两个栏、三个栏……刘翔大哥哥跨栏的节奏愈来愈快，我不禁为他捏了一把汗。此时的刘翔大哥哥，好似一阵红色的龙卷风，超过了所有人，他一反平时和蔼的神情，眼中尽是坚定与执著。

倒数第二个，最后一个！刘翔大哥哥十分轻松地跨过了最后一个栏，冲过了终点。12秒88！刘翔打破了世界纪录！电视机里解说员激动的呐喊声与场上的国歌声、观众的欢呼声弥漫了整个赛场。刘翔大哥哥为国争光的一幕，令我心潮澎湃，激动不已。

那精彩的一瞬间，让我永远难忘。

我的苦恼

我对自己不满意的地方挺多，但最让我不满意的，也最令我苦恼的事，就是我太胖了。

我的身高才一米五，体重就达到了五十多千克，比妈妈还重，体检报告单上总是写着"超重"这两个令我十分苦恼的字眼。因为太胖，我在跑步时跑不了十分钟，就会累得汗流浃背，气喘吁吁。

我也尝试过减肥。曾经有一段时间，我天天在跑步机上跑步，可是，过了一个星期就坚持不下去了，因为跑步真是太累了！我又尝试着节食，可是我对那些色香味俱全的大餐实在是没有一丁点的抵抗力，只要是看见了这些美味佳肴，我一定会垂涎三尺，狼吞虎咽，一扫而光。

于是，我的节食计划也落空了。

唉，我什么时候才能瘦下来啊！

我真苦恼！

永远忘不了那句话

"不要害怕，要勇敢些！"这句话，令我终生难忘。

记得我 7 岁时，胆子很小。每到晚上，一点风吹草动就能把我吓得魂不附体。

一天晚上，妈妈突然对我说："今天，你一个人睡觉。"当时我还以为妈妈在跟我开玩笑，可是到了晚上，妈妈真的让我一个人睡觉。我哭丧着脸，死死抓住妈妈的衣角不松手。妈妈拍拍我的手，又摸摸我的头，笑着说："不要害怕，要勇敢些！"

第一次一个人睡觉，我十分害怕。一阵风吹过，把窗外的树叶吹得沙沙作响，向窗外望去，树叶像一个个黑衣人一样晃来晃去，吓得我魂飞魄散。我刚想喊妈妈，但耳畔响起妈妈的话："不要害怕，要勇敢些！"

我鼓起勇气，闭上眼睛，什么都不再去想。就这样，不知不觉地睡着了。

早上，妈妈把我从甜蜜的梦乡中唤醒。我觉得昨晚睡得特别香。妈妈微笑着说："以后，你一定记住，你的名字叫勇剑，因为爸爸妈妈希望你越来越坚强、勇敢，像一把锋利的宝剑一样。"

我永远都忘不了这句话，它使我变得越来越勇敢、越来越坚强。

游关山牧场

早就听说关山牧场是个风景秀丽的地方，今年暑假一个酷热的日子，我和闫伯伯一家来到了关山牧场。

关山牧场位于陕西陇县西北方向，距县城约40千米。一路上，我抑制不住激动的心情，想象着关山牧场的美景。我们的车子在蜿蜒曲折的山路上行驶了40分钟后，就到达了关山牧场。没等车停稳，我就跳下了车。关山牧场太美了，草原上牛羊成群、蓝蓝的天、潺潺流淌的小溪、绿油油的青草，两边的山上有密密的森林，森林里有松树、桦树……连成一片，美不胜收。

我在草原上第一次看到了马群，许多游人在骑马游玩。闫伯伯问我："你想不想骑马？"我说："我还没骑过马呢！当然要骑一回了。"同行的其他人都不愿骑马，我只好一个人骑了。

第一次骑马还真有点害怕，马一抬蹄，我就怕掉下马来。闫伯伯鼓励我："往前看，不要怕！"听了他的话，我的胆子大了许多。在马背上待了半个小时后，我就更加胆大了。我两腿一夹，扬起马鞭，枣红马一路小跑，颠簸得我肚子都有些疼了。马的主人说，马跑起来，屁股就要离开马鞍。这一招果然灵验，我终于学会骑马了……

过了骑马的瘾，我们又来到半山腰玩起了 CS 真人对抗赛。我是守方，有两个攻方。我的技术不好，总是"中弹"。不一会儿，我就被"打败"了。

在 CS 真人对抗赛的不远处，有一个射箭场。我跃跃欲试。在工作人员的指导下，我开始射箭，没想到第一箭竟然脱靶了！工作人员说，屏住呼吸，瞄准目标再放箭。我试着射了几箭，成绩果然大有进步！

时间过得真快，不知不觉，两个小时就过去了，我的肚子开始咕咕地叫了。我们找了一家特色餐馆，吃烤羊肉、手抓肉、野兔肉等山珍野味，感觉这就是天下最美的美味了……

看了美景，玩了游戏，又品尝了山野美味，我们依依不舍地离开了关山牧场……

（此文发表于 2008 年 9 月 12 日《华商报》B5 版"学生作文"）

◎ 小学五年级

我的读书故事

一说到书，我就会不由自主地兴奋起来。

上一年级时，我刚学会汉语拼音，妈妈就让我自己阅读。当时我认识的字非常少，只好借助拼音来读书。记得我读的第一本书是注音版的《格林童话》。

上二年级时，爸爸给我买了少儿版的四大名著。我经常向爸爸请教一些我在书中看不懂的问题。这些书给我留下了深刻的印象：故事、小说类的书籍总是很好看，漫画类的书籍又常常让我捧腹大笑。随着年龄增长，我开始慢慢倾向于科技类书籍了。

到了三年级的时候，爸爸给我买了一套999元的《青少年十万个为什么》，这套书使我大开眼界，知道了世界上竟然有吃人的树、不沉的海，让我懂得了动物的形成、宇宙的形成等知识。

后来，我上了四年级，爸爸渐渐开始给我买世界名著了，如《假如给我三天光明》《昆虫记》等。尤其是《昆虫记》给我的印象最深，使我深入了解了昆虫的秘密。但是我发现，《昆虫记》虽然知识丰富，文字却太枯燥，读起来给人一种无聊的感觉，不太适合大多数小朋友阅读。

十一岁那年，我的腿不小心骨折了，在家休息了一个月。每天写完作业后，读书便成了我唯一的消遣方式，读书读到深夜十一二点是常有的事。

最近，学校经常开展读书活动，老师让我们读一些有益的课外书。因此，我读的书越来越多了。

读书使我懂得了很多知识，也明白了不少做人的道理。

书，成了我的良师益友。

中秋赛诗会

中秋节前夕，老师对同学们说："明天，我们班要举行中秋赛诗会。"同学们听了这个消息，马上兴奋地跳了起来。

赛诗会前，主持人宣布了纪律。接着，活动开始了。

第一组的孙若思同学脱口而出："海上生明月，天涯共此时。"刚吟完，第二组的余鹿鸣就说："小时不识月，呼作白玉盘。"第三组的毛文森也不甘示弱："明月几时有，把酒问青天，不知天上宫阙，今夕是何年，我欲乘风归去，又恐……"话音刚落，教室里就爆发出雷鸣般的掌声。我们组的申子康也不错，吟出了唐代大诗人李白的诗句。

同学们你一句，我一句，你一首，我一首地朗诵着，渐渐地，有几个组朗诵不下去了。最后，我们组以 9 分的成绩与第一组打了一个平手。

时间过得飞快，转眼间，下课铃响了。老师宣布了比赛结果，同学们在依依不舍中结束了这场有趣的中秋赛诗会。

互送礼物

礼物，是朋友间友谊的象征，是师生间恩情的表示。今天，我们班就举行了一次互送礼物的活动，使我真真切切地感受到了互送礼物的快乐。

下午第二节课一下课，老师组织同学们开始互送礼物。我拿上准备好的礼物（一个本子），走到了我的好朋友刘宇昕旁边，却看见牛童正给刘宇昕送礼物。这个礼物包装精美，看起来非常好。刘宇昕收下了礼物，笑了笑，对牛童说："来来来，拥抱一下。"

这时，我看了看手中的本子，觉得很尴尬。我想：人家送的礼物那么好，可我却只送一个本子。算了，还是不要送了吧！可是转念一想：本子虽小，但是它寄托了我的一片情谊啊，"千里送鹅毛，礼轻人意重"嘛！想到这里，我鼓起了勇气，向刘宇昕走去。

刘宇昕看到本子后，不但不嫌弃，还显得十分高兴。他和我握了握手，我们的心里都十分高兴。

正在这时，老师说要送我们一件礼物。是什么呢？"抄课文！"那边大喊。不对！我们见老师在摆弄着电脑，于是就想到了音乐。

这时，一曲悠扬的《友谊地久天长》在耳边响起。听着乐曲，大家都陶醉了。

这次活动让我懂得了：礼物不在于昂贵，而在于浓浓的心意。

我希望班里经常举行这种互送礼物的活动。

难忘的一刻

前两天，我们学校举办了第八届运动会，其中最最精彩的要数我们五年级的男子八百米赛跑了。

"砰"，裁判一声枪响，运动员们如离弦的箭一般冲了出去。可刚跑了一圈，牛童就被别人绊了一下，摔了一跤，他马上爬了起来，又开始跑了出去。

看到其他班的运动员，我不由得担心起来。是啊！其他班的运动员膀大腰圆，奔跑速度十分快，我们班的运动员哪里是他们的对手。如此状况，不得不令人担忧。

虽然这样，我们班的啦啦队可以说是斗志最旺盛的了。这边喊"五四班"，那边喊"加油"，叫声把其他班的加油声都压了下去，我直喊到嗓子疼了，才住了口。

但我不能闲着。我拿出照相机，"咔嚓、咔嚓"地开始拍摄运动会精彩的一瞬。

运动员们跑了几圈，速度明显地慢了下来。可他们还是咬紧牙关，坚持着。也许是我们的加油声激励了牛童，他竟渐渐地跑得快了起来。

最后一圈时，大家好像都使了吃奶的劲儿，大声喊着"加油！加油！"牛童拼命地往前一冲，取得了第4名的好成绩。

后来，大家都说："如果不是牛童中途被别人绊了一下，说不定还可以取得更加优秀的成绩呢！"

劳动的快乐

昨天，妈妈不在家，家务就没有人干了。所以，我决定搞一次大扫除。

首先，我要把地扫干净。我"全副武装"，右手拿扫把，左手拿簸箕。我左一扫，右一揽，虽然满头大汗，气喘吁吁，但是总算把地扫干净了。

接下来的工作是拖地。我先把拖把上的布浸湿，然后把它拧干，装上拖把。我从客厅开始，按着木地板的纹路来拖，果然把地拖干净了。

紧接着，我把抹布洗好，小心翼翼地开始擦起了玻璃窗。"天啊！"我大叫一声，这玻璃很长时间没有擦了，抹布刚擦了几下，就变色了：从洁白变成了乌黑。我赶紧去洗抹布。在擦玻璃过程中，我一直是从玻璃到水龙头，从水龙头到玻璃，也不知道用了多少水。反正，玻璃窗总算是光亮如新了。

最后，我要浇花了。给水壶接满水之后，我开始浇花。

爸爸的花很多，有滴水观音、山药、文竹、爬墙虎，甚至还有辣椒和西红柿！

经过了一个多小时的奋战，我终于干完了所有的家务。

劳动真是快乐呀！

看春节联欢晚会

每年春节，中央电视台都要举办春节联欢晚会。春晚的节目精彩纷呈，小品和相声逗人发笑，歌曲和舞蹈优美无比。

春晚融艺术、文化于一体，规模宏大，十分好看。春晚中，我印象最深的节目有两个：《五官新说》和《不差钱》。

相声《五官新说》的主题围绕着马东酒后驾车来进行的。这五官相互推卸责任，眼睛说："不是女的我才不往前凑合呢！"耳朵把听到的话乱编乱造了一番，这些话经过了他的一改之后，令人捧腹大笑。嘴巴和鼻子把我们绕到了沟里，等他们都互相推卸完了，台下的笑声早已不绝于耳，掌声雷动。里面有一些经典片段我至今还记忆犹新呢！时不时自己说出来，自娱自乐一下。

由赵本山主演的小品《不差钱》更是让人笑破了肚皮。其中赵本山的徒弟小沈阳女里女气的"娘娘腔"让我们一家笑得前仰后合。

我觉得丫蛋的表演也十分好，她学韩红的《青藏高原》学得十分像，最后那一句超高音学得最像了，台下掌声雷动，人人都大声叫好。

小沈阳学刀郎的《2002 年的第一场雪》，真是把刀郎那种沧桑的感觉唱了出来，小沈阳皱着眉头，简直比刀郎还刀郎。

最后的一首大合唱《难忘今宵》，李谷一、阎维文等老一辈歌唱家纷纷亮相，听起来煞是好听。

在"难忘今宵，难忘今宵，不论天涯与海角……"的悠扬旋律中，春节联欢晚会结束了。

智谋

这天早上，妈妈给我 50 元钱，让我去买东西。我手拿着钱低哼着："素胚勾勒，出青花，笔锋浓转淡……"。刚来到商店门口，冷不丁地被一只手抓住，一个声音传来："把钱给我，不然我就喊'你是小偷，偷了我的钱包'。"

声音不大，却恶狠狠地。我回头一看，一个穿着时髦，浓妆艳抹，拎着一个皮包的女人站在我身边。这下我可懵了：这是一个地道的骗子！

怎么办？我急中生智，用手指了指耳朵和嘴巴，向她摆了摆手，接着又用右手在左手上画了几下。这个女人还算聪明，明白了我的意思，嘴里嘟囔着："这个小东西又聋又哑……"她上来夺我的钱，我紧紧握住，又放进口袋里。这时，走过来几个人，看了看我们，若无其事地走开了。这个女人也急了，急忙从包里拿出纸和笔，写了起来："我没钱花了，把钱给我，否则要你的小命。"

还没等她写完，我就夺过纸条大喊："太好了，你自己招供了！"这时，我发现身边站了一群人，还有几个警察。刚才还一脸恶相的这个女人，现在成了一个灰头土脸的女人。她刚想溜走，就被一个警察叔叔一把抓住了。

警察叔叔说，这个女人是个吸毒的，最近在市里骗了不少人，今天终于被抓了个现行。

一个老爷爷摸着我的头说："这个孩子真聪明！"

给妈妈的礼物

以前，在我伤心时，妈妈总是来安慰我；在我遇到困难时，妈妈给我加油；在我不高兴时，妈妈逗我开心；在我生病时，妈妈东奔西跑……可是，我却从来没有为妈妈着想过。今年的母亲节，我决定要给妈妈送一件礼物。

可是送什么好呢？我不停地在家里走来走去，一边走一边思考。

这时，我看见放在书架上的石膏娃娃。这个石膏娃娃是两年前，我在公园的儿童游乐区里亲手制作的，就将它当做礼物送给妈妈吧！

我正准备拿下来，却想到了一个问题：万一妈妈嫌太小怎么办？但是，我很快就打消了这个念头，因为这件礼物虽小，却是我亲手制作的呀！

我用硬纸板做了一个盒子，并涂上颜色，用丝带绑好后，我又把即时贴贴上去，写上："祝妈妈节日快乐！"

我把盒子背在身后，笑着向正在看书的妈妈走去。妈妈见到我问："有什么事吗？"我说："有啊！祝妈妈节日快乐！我要送你一件礼物，猜一猜，是什么？"妈妈四下看了看，发现摆在架子上的石膏娃娃不见了，说："是那个石膏娃娃吗？"

我把背在身后的手向前一伸，将礼物拿到妈妈面前，妈妈欣喜地亲了我一下，笑着说："我儿子长大了，知道关心人了！"我也笑了，心里像吃了蜜一样甜。

现在，我一定要好好学习，长大报答妈妈。

一次特殊的考试

今天早上，老师说要举行一次特殊的考试，考题就在教室里，不用给老师回答，只要用行动证明。我一听这话，心想，这还不容易？考题就在教室里，教室就这么大个地方，找到考题还不容易？

于是，一下课，我就在教室里找了起来。

小报？肯定不是，那能用实际行动证明什么？读书卡？不会，它又不在教室里……

这样漫无目的的寻找实在太费劲，很快，我就放弃了寻找。看着周围的同学们找来找去，都找不到答案，我心中充满了感慨：看来，这个秘密只得留给那些聪明的人去破解了。

中午，老师见我们都没有找到真正的答案，只好提示：

第一，见过，但是不关心；

第二，二年级学过的课文《特殊的考试》。

听到这两个提示，我又精神百倍，如同在黑暗中看到了光亮，马上开始了寻找。

可是我却怎么也想不起来《特殊的考试》这篇课文的内容。我的脑海中如同开过了一艘幽灵船，明知道它存在，却又找不到痕迹。

唉！只好等老师宣布答案了。

下午，老师问："有谁想起《特殊的考试》这篇课文了？"全班只有申子康一个人举手。老师让他给大家讲讲，申子康讲了课文的主要内容后，我这才恍然大悟。

老师说："这次我出的考题，就是考验一下大家有没有公德心。

门外的读书卡摇摇欲坠，后面墙上贴的报纸也歪着身子，可是都没有人去把它们扶正。"

是啊，有一个公益广告说得好："公德就是众德"。在日常生活中，不正是这样吗？

希望大家永远记住这句话。

宝盒的秘密

今天，老师神神秘秘地拿出了一个心形的、十分漂亮的盒子。

老师说："谁能给这个盒子起个名字？"话刚一说完，同学们就七嘴八舌地开始给盒子起名字。"这是一个宝盒，里面装着一个明星的照片。"老师的话音刚落，同学们又开始讨论了起来。于是，老师请同学们上来看一看这个明星究竟是谁。

老师第一个请了王梓骐。只见王梓骐迈着轻快的步子，走上了讲台。他皱着眉头，轻轻地把盒子打开一条缝，瞄了一眼，又把盒子打开一个大口，脸上一种似哭非哭、似笑非笑的莫名表情。接着，又大笑起来，似乎看到了什么好玩的东西。老师让他说一说里面是哪一个"明星"，他支支吾吾地说："我觉得……不算什么名人。"

"什么名人呀？""哪个名人不算名人？"同学们的问题一个接一个。

老师又叫邓紫荆上去。邓紫荆一步三跳，跳上了讲台。她板着脸，做出一副很严肃的样子。她刚打开盒子时，脸上多了一份疑惑，好像在想："这是什么？"接下来，她的表情好似人们看到了 UFO，其惊讶程度不亚于哥伦布发现了新大陆。再接下来，就是大笑："哈哈哈……"这时，老师问："里面的名人在干什么？他是哪一方面的名人？"邓紫荆沉思了一阵儿，说道："是音乐方面的名人……名人正在笑呢！"

正当我们苦苦思考到底是什么名人时，后面传来一个声音："我知道了，是镜子！"

老师说："对，里面确实是一面镜子，也确实有'明星'。但是，这个'明星'是'明日之星'的意思。我希望每一个同学以后都能成为'明日之星'！"大家都鼓起掌来。

是呀，宝盒的秘密告诉我们，明星并不神秘，只要大家通过努力，就都能够成为"明日之星"。

有趣的方言

有一次，我与好朋友钱屠雨枫、李思卓、刘宇昕、吴一帆在广场玩。这时候，发生了一件有趣的事。

钱屠雨枫说要回家放东西，我们便跟着他去了。到了他家楼下，钱屠雨枫便与他妈妈对起话来。对话虽没有什么稀奇，可是他们的对话却让人摸不着头脑。

钱屠雨枫对他妈妈说："阿冬克斯克没。"我们听后十分奇怪。李思卓抓耳挠腮，刘宇昕皱起了眉头，我的脑海里打了一个巨大的问号。对话完了，我们急忙问他，而他却给我们做了一个鬼脸。那意思好像在说：你们自己去猜猜啊。

李思卓立刻跳到我们面前，生怕谁抢了先似的。刘宇昕也不甘示弱地挤向钱屠雨枫，还对我做出一个表示胜利的手势，而吴一帆则在一旁哈哈大笑起来。

刘宇昕皱了皱眉头，做了一个"沉思者"的姿势，那姿势就是将右手紧握，贴在额头上；另一只手叉在腰上。突然，刘宇昕大叫起来，"有了，有了！这一定是'帮我拿包'的方言。"钱屠雨枫叹了口气，摇了摇头。"嗯？怎么会不对？"刘宇昕若有所思，自言自语道。这时，李思卓打断了他，问钱屠雨枫："这是外星语言吗？"钱屠雨枫向我们吐了吐舌头说："去你的，怎么可能。"这次，刘宇昕又挤了过来，欢天喜地地说："我又知道了，我又知道了。"

于是我也凑过去，问他："你知道什么了？"刘宇昕洋洋得意的地跟我说："这一定是暗语，就跟侦探一样。"听完他的话，我不禁捧腹大笑，嘴里不停地说："笑死我了，笑死我了。"

这就是我与几个朋友的猜方言活动，可是直到现在我都没有猜出来。

同学们，你们猜出来了吗？

对陌生人微笑

今天，老师给我们布置了一道作业——对陌生人微笑。

对陌生人微笑，这也太难了，多不好意思呀！放学时，外面下着蒙蒙细雨，我走在回家的路上，迎面走来一位牵狗散步的阿姨。我鼓起勇气微笑着对阿姨说："阿姨，您好！"只见这位阿姨愣了一下，也朝着我笑了一下，说："你好！"我本来悬着的心就掉了下来。我走过去时说了一声"再见"，那位阿姨也说了一声"再见"。

有了第一次尝试，我胆子也大了起来。我想：这也没什么难的嘛，不就是微笑着对陌生人问好吗？有一篇文章说的好，微笑使陌生人不再陌生，微笑是朋友间交流的暗号。

这时，我又碰到了一位老奶奶。我微笑着向这位老奶奶问好，这位老奶奶一边笑着一边说："小朋友，你好啊！"

这两次对陌生人微笑的尝试都非常顺利，这让我真正地感受到了"在人生的旅途上，最好的身份证就是微笑"这句话的含义。

微笑是一种神奇的力量，微笑是一种无声而又亲切的语言，微笑是一篇动人的乐章，微笑是人类的一种高尚表情，微笑是人生中最明亮的阳光！

但愿生活中充满微笑！

遭遇"孙二娘"

一天，家中没有醋了，妈妈让我去楼下的商店买。

不知道为什么，我到别处买东西从来都不害怕，可偏偏在我
们小区门口的老板娘那里买东西，我特别害怕。这个凶巴巴的老
板娘令我们小区的小朋友们闻风丧胆。也许是因为她长相凶吧，
我们给她起了个外号叫"孙二娘"。

我拿着钱，硬着头皮向商店走去，心中祈祷着，不要碰见那
个凶巴巴的老板娘。我一边想，一边壮起胆子走进了商店。

真是冤家路窄，我还是看见了"孙二娘"。她见我进来了，
凶巴巴地问我："你要什么？"一向口齿伶俐的我，开始结结巴巴：
"要——要一瓶醋。""孙二娘"拿了一瓶醋，放在柜台上，说：
"六块。"

我不敢多瞧她一眼，好像她会把我吃掉似的。我连忙付了钱，
就跑出了商店。

快到家门口时我才忽然想起来，我把醋忘拿了。我又急急忙
忙跑回商店。还好，醋还放在柜台上。提上醋，我很快跑回了家，

把醋交给了妈妈。

我终于敢面对一个我内心害怕的人，完成了一次大胆的尝试。

我家的小阳台

我的老爸喜欢养些花花草草，我家的小阳台上自然净是些花草了。

来到阳台上，第一眼看见的便是滴水观音了。这家伙有着修长的茎与大叶子，绿中透着一点黄色，一根主茎伸出许多侧茎，像伸出的胳膊一般。叶子大而富有光泽，底下还有好几根刚长出来的小茎，是嫩嫩的，叶子还卷成一束，没有伸展开来。

在滴水观音旁边的几个小花盆里，是一株株辣椒，它的茎秆笔直笔直的，大约有四五十厘米高。分枝才展开来，就很快长出了几片嫩叶。叶子的下面，开了几朵白色的花儿。那天，我忘了关窗户，就有几只蝴蝶与蜜蜂飞进来，在辣椒花上停留了好一会儿呢！小花的旁边，还垂着几个去年夏天结的红辣椒。过了一个冬天，红辣椒已经瘪瘪的，上面细纹密布，煞是好看。这几盆辣椒是爸爸去年春天和我亲手种在花盆的。每个双休日，爸爸和我都要在阳台上忙活半天，给它们又是浇水，又是施肥，还要给它晒太阳。没想到，到了冬天，这几株辣椒依然茁壮成长。后来我在电视上看到，辣椒是个多年生植物。只要管理得当，可以成活好多年呢！

今年春天，辣椒又开了许多小花。不久，植株上开始结下了开春的第一茬辣椒。我数了数，竟然有二十八个呢！

在辣椒的旁边，种着我的小银杏树。这株银杏树是我在小区的院子里捡回来的。那是去年冬天，全家人都以为它活不了了。但我还是把它种了下去，它竟奇迹般地成活了。

我家的阳台上虽然种的不是什么奇花异草，但却给我们全家带来了快乐。

我爱我家的小阳台。

（此文发表于 2010 年 6 月 27 日《华商报》B2 版"学生作文"）

一件小事

今天下午放学，我在学校大门口看到了令人感动的一幕。

一位老爷爷，头发雪白，身穿棉袄，坐在三轮车上，等自己的孙子或孙女放学。

这时，从人群里挤出一个小男孩，他衣着单薄，在凛冽的寒风中瑟瑟发抖，老爷爷连忙把自己的棉袄脱下来，披在孙子身上。孙子不要，可那老爷爷非得让孙子穿上。孙子无奈，只得乖乖地穿上。

我清楚地看见，老爷爷在凛冽的寒风中冻得瑟瑟发抖，脸上却带着笑意，飞快地骑着三轮车，消失在高楼之间。

他们走了，我却立在那儿，看着他们远去的背影，心想：这是多么伟大的亲情啊！

看联欢会有感

12 月 31 日，我们班举行了一次别开生面的联欢会。

第一个上场的是第三组的袁顿和陈浩年，他俩表演的是相声《奇妙之旅》。袁顿巧妙地把国家的名称与自己的"这一次旅行"融合在一起，给"旅行"中的事物都起了一个国家的名字，例如：把飞机叫做"洛杉矶"；把小岛叫做"冰岛"；把老伯伯叫做"阿拉伯"等等；每一个句子中都包含着一个国家的名字。虽然故事情节不怎么吸引人，但是为事物取的名字也足够令人耳目一新的了。

尽管那些国家的名称冗长难记，但经过"语言"这个"魔术师"的加工，把原本令人看了就头晕的国家名称组合到了一起，变得生动有趣。我想，以后在学习与生活中遇到了众多的词组，也可以用这种又快又好的方法来记忆吧！

看着同学的表演，我十分羡慕，我可从来没有在台上表演过啊！如果明年"六一"儿童节还举行联欢会，我一定要在联欢会上表演节目！

放学路上

"丁零零！"随着放学铃声响起，同学们飞奔走出校门。

门口的人可真多啊！这时，我们班的小个子李思卓、翟振雄把他们的优势发挥到了极点，他们像《射雕英雄传》中的瑛姑，用"泥鳅功"在人群之中钻来钻去，不一会儿就窜出了人群。

可是，我这胖人就倒霉了，在人群中没有一点优势，只能在人群中充当一块"肉"的角色，而旁边的人就好比是"馍"，挤得我几乎成了陕西的"肉夹馍"。

终于出来了！但是翟振雄那难听的嗓音又在耳边响起，唱的是什么估计只有他自己知道。听他唱歌，让人有一种处在鸭群之中，听两千只公鸭合唱，想让他闭嘴又不知道从哪里做起的感觉。

我实在忍无可忍，大叫着扑向翟振雄，可是他像猴子一样灵巧，轻轻一跳就躲过了我。我对他无可奈何，只好作罢！

钱屠雨枫正被李思卓追着跑，也不知道是什么原因，他俩就像跑马拉松一样，在校门口跑了一圈又一圈，直到都跑不动了，才停下来。

相比之下，吴一帆、戚钊宁和孙若思他们就安静多了。他们只是一边走一边说笑，偶尔还互相拍一拍对方的肩膀。

刘宇昕也是，他一边整理着 MP3 耳机，一边与旁边的人说话，等耳机整理好了，又开始整理自己的头发，我们都说他挺爱装酷的。

放学路上，是多彩的。

母爱像阳光一样

阳光，即使被云遮住了，也会从缝隙处不经意地倾泻下来，母亲对我的爱也是这样。

一次，妈妈得了重感冒，在家休息。那天上午，阳光明媚。可是到了中午，冷风却一个劲地刮了起来。原以为天气好，我上学时只穿了一件薄衣衫，坐在教室里冷得瑟瑟发抖。

下课后，我瑟缩在教室里。忽然，门口的老大爷叫我去拿衣服。来到校门口，我一眼就看见了妈妈那瘦弱的身影。妈妈见了我，笑了笑。我说："妈妈，您怎么来了，您的病……"妈妈说："没什么，给，这是你的衣服。"望着妈妈，我的眼睛湿润了。那一刻，我感到一股暖流涌遍我的全身。

母亲，如一眼泉水，源源不断地向我们提供着温暖与关怀；母亲，如一位辛勤的园丁，培育着我们这一棵棵小树；母亲，如清晨的第一缕阳光，永远温暖着我们的心……

特殊的考试

今天下午的语文考试原本应该没有什么稀奇，但是学校却把这次考试变成了一次测验我们诚信度的考试——无监考的考试。

当老师给我们讲考试规则时，同学们都很惊讶。

考试的时间到了，我忐忑不安地坐在教室里等着老师发考卷。当我拿到卷子一看，顿时松了一口气：考卷上的题不是太难。我心想：虽然这一次无人监考，但也一定要专心、考好！于是，我一拿到考卷就开始奋笔疾书起来。

整个教室里鸦雀无声，只听见"沙沙"的写字声，有的同学奋笔疾书，有的同学遇到不会的问题时停笔思考，没有人因为无人监考而东张西望，也没有人因为无人监考而左顾右盼，更没有人因为无人监考而交头接耳，整个考场纪律都很好。

我作文刚写到一半时，郭老师面带笑容走了进来，告诉我们"快收卷了，大家动作快点！"

今天的无人监考考试，我们班的考场纪律通过了考试。我们给信任考试交上了一份满意的答卷。

第一次做饭

以前，我一直以为做饭是一件很难的事情。但就在几天前，我亲手做了一次饭，感觉做饭其实并不难。

那天，妈妈中午有事回不来，要让我自己做饭。妈妈嘱咐我做一个土豆丝，一个炒鸡蛋，没办法我只好自己动手了。

我回想着妈妈做饭的次序，脑子里有了一套程序。我先把土豆皮刮掉，清洗干净，接下来就是切土豆丝了。这对于我这个初学做饭的人来说真是一个考验。我先把土豆切成片，然后再切成丝，虽然没有妈妈切得均匀，但我觉得还可以。我又准备了一些干辣椒、葱、姜，都一一排放整齐。又拿了一个碗，学着妈妈的样子把鸡蛋打起泡。这些准备工作做好了，大功就已告成一半。接下来该炒菜了。我把火打着，给锅里倒了一点油，一会儿，油开始冒烟，我马上放进配料，又放进土豆丝，学着大厨师的样子炒起来。放盐时，我却犯了一个大错误——盐放得太多了。炒出来一尝，"呸呸"两口全部吐了个干净，土豆丝咸的简直不能吃。唉！只好把希望放在炒鸡蛋上了。

我把锅洗干净，放在火上，倒入油，因为锅里有水的缘故，油点吱啦吱啦地乱蹦，还好，我穿着围裙。我吸取了上次的经验教训，少放了些盐，可是这一次我又把盐放得太少了，一丁点味道都没有。我又小心翼翼地给锅里放了少许盐，这一次咸淡刚合适。

妈妈回来后，尝了尝我留下的菜，表扬了我，我很高兴。哈！我终于学会做饭啦！

成长的快乐

在成长之中，有酸，有甜，有苦，有辣。成长或许是波涛汹涌，或许是风平浪静。在成长的道路上，最多的，便是快乐。

一次，妈妈从外面回来，磕破了手，肿了一大片，伤口发紫，看着便觉得瘆人。我害怕妈妈的伤口感染，就把她拉到卫生间去洗伤口。

用凉水冲洗时，妈妈看起来非常难受，咬着牙关，仿佛要把牙齿咬碎。伤口很快冲洗好了，妈妈的神情也放松了许多。

我从药箱里找出纱布，一圈一圈地把妈妈的伤口包了起来，直到把纱布缠完，然后打了一个结。这时，妈妈的手就像一个大粽子似的。

妈妈看了看手又看了看我，笑道："你长大了呀！"我心中也是说不出的高兴。是啊，我长大了，就该多干些力所能及的活儿，多关心一下父母呀！

成长，是快乐的。

玩"三个字"游戏

星期六，我和钱屠雨枫、牛童、吴一帆几个人一起出去玩。在集合之后，我们准备开玩了，最后商定了一个结果是玩"三个字"。

首先，由牛童开始抓人，在他数数之时，我们都躲得远远的。牛童数完了数，慢悠悠地向我们走来。

突然，他跑了起来，径直向我奔来，我怎么能跑过牛童呢？在牛童追到离我不到 10 米时，我大叫一声："孙悟空！"这下子，牛童拿我没辙了，又去追其他没被抓住的人。

牛童的第二个目标是钱屠雨枫。钱屠雨枫的速度虽然不如牛童，但是也十分快了，只见他们两个人你追我赶，天上地下地跑，到了危急关头，钱屠雨枫大喊："古诗词！"牛童又没办法了，只好再去抓别人。

时间很快就过去了一个多小时，我也该回家了，快乐的时光总是过得很快呀！

难忘的一幕

那是平凡的一幕，但也是令我难忘的一幕。

那天，太阳高照，炙热的阳光仿佛要把大地烤化。我在街上走着，看见前面有一个妇女，怀里抱着一个小女孩，衣服破烂不堪，全身上下脏兮兮的，用乞求的眼神望着人群。

这时，一个六七岁的小男孩走了过来，看见了这对母女。他迟疑了一下，从口袋里掏出一张皱巴巴的十元钱，准备给这个妇女。

路边，一位漂亮的阿姨说："别给她，她好手好脚的，干吗不去工作，何必在这里乞讨呢？""就是，肯定是骗人的！""这些人肯定是骗人的！"顿时，周围议论声四起。

但小男孩还是把钱给了这个妇女，用甜甜的声音说："我相信她。"然后走开了。

我愣住了，所有人都愣住了，我们都为小男孩的做法吃惊，但更多的是为他的做法而感动。

太阳被云遮住了，令人感到一丝凉意，但我心中却暖烘烘的。回头再看看刚才那个漂亮的阿姨，也觉得她不是很漂亮了。

回到家中，我想起刚才那一幕，心里感到无比温暖。

家的变化

以前，我们家住在一间不足 30 平方米的小房子里。房子面积很小，卧室只能放下一张床，一家人只能挤在一张床上。客厅也只能放下一张沙发，厨房更小，只能容纳一个煤气灶和一个水池。客厅同时还充当起了书房的作用，但没有放书桌的地方。每天放学回家，我只能坐在小凳子上，趴在茶几上写作业。

我们家住在一楼，是 20 世纪 50 年代建造的筒子楼，没有阳台，更没有晾晒衣服的地方。妈妈想出了一个办法，在家里拉起一根晾衣服的绳，碰到下雨，衣服不容易晾干，经常会发出一股霉味儿。

以前我上学时，学校离家比较远，妈妈用自行车送我去上学，我坐在自行车后面，几次差点儿成了"空中飞人"。

自从我们搬进了新家，一切生活就都变得不一样了。

现在我们家十分宽敞，不但有了大卧室，有了书房，我也拥有了属于自己的一片小天地。我的卧室里有了书桌，有了书柜，有了自己的衣柜，还有一张属于自己的床。

现在有了阳台，爸爸装上了自动晾衣架，妈妈晾衣服再也不用发愁了。

我们家住的小区也有了学校，上学也方便多了，妈妈再也不用天天送我了。我自己走路，五分钟就到了。不管刮风下雨，上学放学的路再也不像以前那么漫长，反倒变成了一件快乐的事。

以前，我住在狭小的房子里，现在我长大了，住的房子也跟着变大了，这都是祖国发展所带来的变化啊！因此，我要好好学习，长大了报效祖国，做一个有益于社会的人，为我们的国家繁荣富强贡献自己的力量。

参加科技大会

今天下午，我们全校师生举办了一次科技大会。

这一次大会内容主要是由任伯伯来为我们讲述他在秦岭大山之中的所见所闻，有"熊猫的粪便""金毛羚角牛"等故事。任伯伯把这几个故事讲述得绘声绘色，十分生动，我如同身临其境一般，旁边的同学也都听得入了迷，我们仿佛身处秦岭大山之中，与任伯伯一起探险呢！

参加完今天的大会，我发现了科学的世界竟然如此奇妙，这世上的昆虫、动物、植物千千万万，每一种都有它的特性，还有许多东西拥有你想象不到的神奇作用，如人尿可以解毒，等等。

而且，我还明白了科学是必须经过实践检验的道理。古语云"真金不怕火炼"，正是如此。

科学，是无止境的。

奇妙的昆虫

今天上午的科学课上，老师带全班同学一起去参观昆虫展览。我们看到了中国、马来西亚等多个国家与地区的特有昆虫标本，使我了解了许多昆虫知识，而且还让同学们对昆虫有了新的认识。

光明女神蝶是世界上最漂亮的蝴蝶。这种蝴蝶，只有在秘鲁才能见到她迷人的身姿。它的身体呈蓝色，分为深蓝、浅蓝、淡蓝三种，整个身体都是亮晶晶的。我们不难想象，活生生的光明女神蝶飞舞起来将是多么的美丽与圣洁。然而，这一切的奇妙，都源于它身上的磷粉。

当我第一眼看到竹节虫时吓了一大跳，它有着细长的、形如竹竿一般的身体，好像真是一截竹子一样。在几只大竹节虫旁边，有一只小小的竹节虫。在它的旁边，配了几片小小的竹叶，不仔细看，还真的区分不出来呢。

我们还学会了怎样制作昆虫标本：先用专用的捕虫网顺着其飞行轨迹将它套入网中，然后用手指轻轻捏住它的腹部，令它窒息死亡，把它装入自制的"三角袋"中。带回家之后，把它蒸软，再放在自制的展翅板上，用大头钉把它固定住，就大功告成了！

大千世界真奇妙，生活在这大千世界里的昆虫更奇妙！

妈妈背我去上学

从我记事起，妈妈为我做过很多很多的事，但最使我久久不能忘怀的还是我九岁那年发生的一件事。

　　那还是我上三年级时，一天下午，放学后我和同学在我家小区院子里一个用砖块砌成的斜坡上玩滑梯。我们玩得十分开心，完全没有料到危险就在眼前。我们兴高采烈地滑着滑着，突然，我的右脚崴了一下，一阵钻心的疼痛，我当时就坐在了地上。过了一会儿，同学扶我站了起来，我试了一下，还勉强能走。于是，我怀着忐忑不安的心情，在同学的搀扶下一瘸一拐地走回家。平时走五分钟的路，我一步一挪，竟艰难地走了半个多小时。到了楼下，我按响了门铃，对妈妈支支吾吾地说："妈妈！我……我把脚扭了！"

　　"什么？你把脚扭了？"妈妈二话没说，就从楼上冲了下来。妈妈摸着我受伤的右脚，心疼地说："孩子！坚持住，妈妈带你去看医生！"妈妈蹲下来，让我趴在她瘦弱的背上，背起我一路小跑着上了出租车。到了高新医院，妈妈背着我跑前跑后，又是拍片子，又是拿单子，最后，诊断结果是右踝骨轻微骨折。大夫给我打了石膏，建议在家休息一个月。等回到家时，妈妈已经累得说不出话来。

　　由于爸爸在外地出差，妈妈只好一个人来照顾我。妈妈为了不让我拉下课，天天背着我去上学。每天早上，妈妈把几乎和她体重相同的我背下六楼，用自行车送我去学校上学。下午，妈妈又用自行车把我推到楼下，再把我背上六楼。晚上，还要在灯下给我辅导作业。就这样，每天，妈妈吃力地背着我上楼、下楼，有时，累得气喘吁吁，每走一步，就会"一、二、三……"地给自己鼓劲，每当这时，我心里就感到十分愧疚和不安。有几次，我想下来自己走，妈妈总是嗔怪地说："胡闹！好好趴在背上。"

我只好让妈妈每天背着我去上学。看着妈妈消瘦的脸庞，我心里非常难过……

此后的三十多个日日夜夜里，妈妈无微不至地照顾我，关心我，我的脚也很快痊愈了。

现在，每当我想起这件事，就会想起妈妈背我的情景。妈妈，你是世界上最伟大的人！

灭蚊记

夜深就寝，忽闻嗡嗡声，疑为蚊，欲杀之而后快。遂用手追拍，未及。其时，蚊落余之上额，猛击，其仓皇逃遁，仍未及。忽忆家有电蚊拍，遂探寻目标。但见小厮悠然自得，旁若无人。余非等闲，遂声东击西，迅雷不及掩耳，命中目标，电蚊拍乃"啪啪"作响，蚊奄奄一息。顷刻，蚊已碎尸万段，灰飞烟灭，余怡然称快矣。是为记。

我们这个班

说起我们六年级四班的体育运动，在年级中可是大名鼎鼎。

就说几个星期以前的运动会吧！那是进行 400 米比赛，当我们班的跑步健将牛童站在起跑线上时，我们都紧张起来。

"砰！"随着发令枪一声响，牛童如离弦的箭一般冲了出去，我们也使出吃奶的劲儿喊："牛童加油！牛童加油！"尤其是毛文森，喊得脸红脖子粗。如果加上一把大刀，一把胡须，一身绿袍，活脱脱一个关公再世。还有卢彦儒，扯着嗓子大喊："牛童加油！牛童加油！"那声音，仿佛要把他的喉咙喊破似的。

全班同学个个喊得面红耳赤，牛童也仿佛受到了我们的感染，如箭一般冲过了终点。

"牛童第一名！"

全班欣喜若狂，每一个人都像发了狂似的，手舞足蹈起来。

嘿，我们这个班。

难忘的一件事

今天在班级运动会上，发生了一件事。

卢彦儒，是我们班的"惹祸分子"，没事总爱惹别人。而袁顿，则是一个典型的"地雷"。在运动会开始前，这两个人就发生了摩擦。

话说，那时正是中午，天气炎热，我等坐在树荫下乘凉。却见卢彦儒一个箭步上前，犹如探囊取物般，抽走了袁顿手中的圆珠笔。袁顿呼之，卢彦儒不应，却笑而逗之。袁顿起身去夺，卢彦儒不还，仍逗袁顿。袁顿不知哪里来的气力，反身拿起水瓶，一招"白鹤展翅"，扑将过去。谁知那卢彦儒也非等闲之辈，一招"龟甲脚"过去，让袁顿躲闪不及。无论袁顿再出何等招式，他都以不变而应万变。

再看那袁顿，见常规攻击无效，不由得"怒从心头起，恶向胆边生"，直接用水瓶猛击其头。呵！这下可好，惹怒了卢彦儒。这卢彦儒使用万钧神力，将那笔一折为二。此时的他，双目通红，脸色稍赤，极像小说中的兽人。

此时，两个人已纠缠在了一起，你一拳，我一脚，两人终因年小力单，体力难耐。否则，定可看到一场惊天地、泣鬼神的大战。

刹那间，二人不再动手。难道是想做个了断？非也！非也！这时，正义的化身——郭老师已被惊动，正从远处走来。只见两人眼圈通红，怒目相视。郭老师了解情况后，"逮捕"了卢彦儒，让其蹲在杆旁，那副样子，极像一只被铁链拴住的猴子。

此次大战至此结束。是以为记。

智力问答

一个周末，我早已做完作业，无事可做，但妈妈却突然对我说："不如，咱们全家来一次智力问答。"这一活动得到了全家的支持，于是我们立马开始了活动。

首先是爸爸出了一条谜语："张开的嘴中有蚊子。"我苦思冥想了半天也没有想出来。谁料，妈妈却抢先报出了答案："张飞。"我不服输，便让妈妈出了下一题，并暗下决心：我要让爸爸妈妈对我刮目相看，绝不能输，一定要把比分扳回来。

妈妈很快出了题："一只鸟在天上飞，被打了一枪后为什么没有掉下来？"这多简单，我不假思索地报出了答案："因为它很坚强！"妈妈笑着说："答对了。"我高兴地一蹦三尺高，终于把比分扳回来了。现在我与妈妈的比分是 1 ：1。

该我出题了，我很快出了题："哪两种动物煮出来的汤最鲜？"

这个问题把爸爸和妈妈都难住了，他们两个人不约而同地露出了思索的表情，两张脸苦得仿佛可以挤出水来。我见他们两个人想了半天也没有想出来，于是，我得意洋洋地公布了答案：鱼和羊，因为鱼字加羊字不正是个"鲜"字吗？

爸爸拍了拍自己的头，一副悔恨交加的样子。但是很快，我们就都笑了起来。

生活中，乐趣无处不在。

玩电脑

星期天，当我把作业写完，就到了我玩电脑的时间。但是，我总是把时间玩超了，所以妈妈每次都要与我说好时间，才让我玩。

这天，我想多玩一会儿，于是对妈妈说："妈妈，今天我想玩两个小时的电脑。"妈妈皱了皱眉，说："不行，我看就玩一个小时好了。"我觉得时间太短了，就说："一个小时那么短，不够玩呀！再说了，我又不是一直玩两个小时，中间还要休息呢！"

妈妈说："你的英语还应该再复习复习，而且作业还没有检查呢，时间全用来玩电脑怎么行？况且，玩那么长时间，眼睛受得了吗？"我双手合十，一脸恳求地说："我的好妈妈，我的作业都写完了，检查用不了多长时间，而且我的眼睛还好，玩一下又坏不了。"妈妈说："就算如此，两个小时也太多了点儿！"我见事情有了转机，连忙说："那，一个小时五十分钟？"见妈妈皱起了眉头，我又连忙改口道："一个小时四十分钟吧！"妈妈思考了一下，同意了。

哎，我先走了。你问我去干什么？这不是废话么？去玩电脑呗！

我眼中的加拿大

今年暑假，我与西安高新一小、二小的同学们一起，参加了赴加拿大的英语夏令营活动。14 天的夏令营活动虽然短暂，但组织方把整个活动安排得井井有条，活动丰富而有趣，使我和同学们不仅学到不少知识，还领略了加拿大美丽的风情，所见所闻，感受良多。

踏上加拿大的土地

2010 年 7 月 7 日，我怀着激动的心情起了个大早，和爸爸妈妈挥手道别后，与同学们一道登上了前往咸阳国际机场的大巴。一路上，我们唧唧喳喳说个不停，欣喜之情，溢于言表。等坐上了飞往北京的航班，大家才渐渐安静了下来。经过一个多小时的飞行，飞机安全降落在北京国际机场。带队老师开始跑前跑后，忙着给同学们办理出境手续。就这样，我们在机场苦苦地等了 4 个小时，才乘上了前往加拿大的国际航班。

到了加拿大多伦多机场，已是北京时间次日早上 8 点多（当地时间晚上 8 点多）。当我们乘车来到下榻的离多伦多不远的伦敦市时，已是当地时间晚上 11 点多了。

加拿大位于北美洲北部，东临大西洋，西濒太平洋，西北部邻美国阿拉斯加州，东北与格陵兰（丹）隔戴维斯海峡遥遥相望，南接美国本土，北靠北冰洋达北极圈，海岸线长达 24 万多千米。

我们来到多伦多的时节，正是当地天气最热的时候。那里的夏天，气温平均保持在 30℃ 左右，坐在车里很闷热。我们从学校到旅馆，由于不开车窗，空调又不怎么好，一趟车坐下来，有的同学衣服就被汗浸湿了！

加拿大接近北极圈，早上 7 点太阳就升起来了，到晚上近 10 点才徐徐落下。一天中，太阳在天空停留近 16 个小时，是名副其实的"日不落帝国"。

加拿大最著名的特产便是冰酒和枫糖，连国旗上面都印着枫叶图案。冰酒是一种甜葡萄酒，是加拿大人在冬天用葡萄树上冰冻的葡萄酿造的一种葡萄酒。枫树是一种高大的乔木，它的树干中含有大量的淀粉，冬天就会变成蔗糖，天暖时蔗糖就变成了香甜的树液。若在树上钻一个孔，树液便会源源流出。用这种树液熬制成的糖就叫枫糖。枫糖含有丰富的矿物质，热量比蔗糖、果糖、玉米糖等都低，但是它所含的钙、镁和有机酸成分却比其他糖类高很多。我回国时，还特意给爸爸妈妈在当地购买了冰酒和枫糖。

伦敦市

看到这个标题时，您千万不要误会——此伦敦非彼伦敦也！这里所说的伦敦市，是位于加拿大西南部安大略省的伦敦市（London），在那里，我度过了近一半的旅程。

我们住在伦敦市郊一个没有星级的旅馆，旅馆的外墙是由水泥和砖混筑而成的，外表没有什么装饰，馆内陈设也很简单，但却给人一种温馨的感觉。旅馆的工作人员十分热情，特地为我们准备了牛奶、方便面、水果和麦片，让我们肚子饿的时候吃。特别让我们意外的是，这些东西都不用付费，这在国内是完全不可想象的。旅馆的工作人员考虑得这么细心和周到，让我们十分感动！

在伦敦市的市博物馆里，我们有幸参观了当地画家优美的画作以及伦敦市的历史，参观了伦敦市政府。在市政府，伦敦市六位创建人之一的一位女士，很热情地用美丽的笑容和甜甜的话语接待了我们，还为我们找了个导游。导游带我们参观了警署、市政府的办公室等。在那里，我们见到了很多的市政府官员，这些官员对我们十分友好，还不停地和我们打招呼呢！

优美的自然环境

加拿大给人最大的感触是，那里的自然环境十分优美。在加拿大，只要不是雨天，不管什么时候，天空都是湛蓝湛蓝的，天空上偶尔飘过几朵白云，让人觉得宁静而优雅。草地上十分整洁，没有一点垃圾，人们可以在草地上野餐，但结束后，人们总是自觉地把垃圾带走。在加拿大，人们很自觉地爱护公共卫生，不乱扔垃圾，即使有人不经意丢弃了垃圾，别人也会把它捡起来扔进垃圾桶。马路两旁绿树成荫，时常有小鸟在树上停留。草地绿莹莹的，上面经常会跑过小松鼠，这些小松鼠一点也不害怕游人，有时会爬上游人的手臂、肩膀，品尝游人们喂给它们的食物。空气中总是一尘不染，在加拿大期间，我穿的鞋子上竟一个礼拜都没有落灰。更让我们感慨的是，加拿大百分之七十的湖泊里的水是可以直接饮用的。在多伦多，水龙头里的水可以直接饮用。道路两旁，经常可见直饮水的水龙头。

在新加坡，随地乱扔纸屑、随地吐痰的人，都要被施以鞭刑，而在加拿大虽然没有如此严厉的法律，但是人人都十分自觉。如果说新加坡的民众的自觉是由严厉的法律缔造而成的话，那么，加拿大的民众的自觉，无疑是由他们的高素质所成就的。

在加拿大，许多公共场所都用简体汉字写着"请勿大声喧哗""请勿随地吐痰"等字样。每每看到这些中文提示，都让我感到心里很不舒服。在外国人的眼里，或许对我们中国多少有些不满、偏见甚或鄙视，但是，我们也应当深刻地反省自身的素质和修养！

快乐的课堂生活

加拿大与中国最大的不同就是教育。

在来加拿大之前，我对加拿大的教育一无所知。当我坐在加拿大南希坎贝尔学院（Nancy Campbell Collegiate Institute）的教室里聆听加拿大老师授课时，我这才明白：加拿大教育的特点就是OPEN，简单来说就是开放。加拿大的每个老师都会秉承开放的原则去教导学生。在课堂上，学生都很放松，老师不会像中国的老师一样，只是让学生死记硬背，而是让学生快乐地接受知识。在我们学习的那几天里，老师会经常放一些歌曲和音乐，兴高采烈地和我们一起在课堂上跳起舞来，现在想起来我都会觉得温暖。

南希坎贝尔学院位于伦敦市中心，面对着市政厅，背靠着泰晤士河的河岸，距离加拿大著名的西安大略大学只有5分钟的车程。伦敦市自然风景秀美，以森林城市而闻名。南希坎贝尔学院是一所私立学校，学生在学习中学知识的同时，还可以学习学校提供的大学预备课程，学校以高质量的教学标准和优异的学生人品教育而著名。2001 年，南希坎贝尔学院被加拿大独立研究机构 Fraser Institute 排名为安大略省同类学校的第一名。

刚到加拿大的第二天我们就进入了南希坎贝尔学院学习，学习的课程有英语课、美术课、音乐课与体育课，其中我最喜欢的就是英语课了，我们的英语老师还给我起了个英文名：Leo。

上第一节课前，我还以为加拿大的老师会像许多中国老师一样，往学生脑子里硬性灌输知识。上完第一节课后，我才发现，我的想法是错误的。加拿大的老师很注意培养学生的人品和修养，也很注意对学生个人隐私的保护，很多同学都与我有相同的感受。

在加拿大期间，我特别喜欢上英语课，原因很简单，上英语课时我感到十分轻松，没有负担。给我们教英语的是一位女老师，加拿大人。老师对我们特别和蔼，就像对待自己的子女一样，即使我们说错了话，她也不会生气。教室里时不时就会传出朗朗的笑声。有时，老师还会放一些音乐，让我们跳舞。她还会时不时地说一两句汉语。她说，她也格外喜欢中国。我们去时，那里已经放了暑假，老师放弃休假来为我们上课，这种精神使我们十分感动。

南希坎贝尔学院的音乐老师还教我们唱加拿大的国歌《O Canada!》。后来，我们在结业典礼上还唱了这首歌和中华人民共和国国歌——《义勇军进行曲》。当时，我们在唱《义勇军进行曲》时，心中有一种无名的激动，同学们声音之嘹亮、韵律之整齐，都是以往演唱时所不能及的！

总而言之，加拿大与中国在教育方法和教育理念上有很大的不同。我想，中国籍公民与诺贝尔奖无缘的症结也许正在于此。

出国前，妈妈特意给我准备了几本装帧精美的《中国剪纸十二生肖》，爸爸帮我在扉页上用中英文写上"欢迎您到中国西安来！中国西安市高新一中初一 D1 班李勇剑赠"等字样。回国前，我把它分别赠送给我在加拿大结识的小朋友和我的代课老师，他们看着中国剪纸，高兴地啧啧称赞"OK！ OK!"

游览著名旅游景点

在加拿大期间，我们还利用学习的间隙，游览了尼亚加拉大瀑布、蒙特利尔圣约翰大教堂、国会山庄议会大楼和多伦多电视塔等著名旅游景点。

当我第一次来到著名的尼亚加拉大瀑布时，我就被瀑布宏大的气势给镇住了。世上竟有如此美景，而且这般气势磅礴。当我们坐上游船，来到瀑布跟前时，马上就被迎头盖面打来的水花和水雾弄得睁不开眼睛。同学们纷纷躲闪，还是被瀑布溅起的水浪弄湿了身子。躲避不及者，自然而然地喝上了尼亚加拉大瀑布赠送的甘露。再看那些在瀑布下的石头，随着岁月的流逝，早已被瀑布的冲击磨光了棱角。

尼亚加拉大瀑布连接着加拿大与美国，在游船上，我们还可以看见许多美国游客呢！据导游介绍，尼亚加拉河横跨美国纽约州与加拿大安大略省的边界，是连接伊利湖和安大略湖的一条水道，河流蜿蜒而曲折，南起美国纽约州的布法多，北至加拿大安大略省的杨格镇，全长仅 54 千米，海拔却从 174 米直降至 75 米，上游河段河面宽 2000 ~ 3000 米，水面落差仅 15 米，水流也较缓。

从距伊利湖北岸 32 千米处起河道变窄，水流加速，在一个 90°
急转弯处，河道上横亘了一道石灰岩构成的断崖，水量丰富的尼
亚加拉河经此，骤然陡落，水势澎湃，声震如雷，形成了尼亚加
拉瀑布。

蒙特利尔圣约翰教堂是世界第二大教堂。大教堂共分上、下
两层，一大一小两个教堂，大的在下，小的在上。教堂的陈设十
分简朴，没有什么华丽的饰品。我本以为，这座教堂的历史，或
许早就被湮灭在滚滚的历史长河之中了。没想到，他们竟巨细无
遗地将教堂的历史制成册子，向游人免费发放。从发放的册子里，
我了解到了教堂的创建人安德烈修士和他的生平。

在国会山庄议会大楼前，我看到了为纪念英法战争而制作的
"水火相容"。它顶端燃着火，旁边又流着水，真是奇特无比。
议会大楼十分高，典型的欧美建筑。但最令人遗憾的是，我们没
能进去参观，只能从外面观瞻。

在位于加拿大安大略省的多伦多市，有一座世界上最高的
塔，那就是多伦多电视塔。电视塔是多伦多市的标志性建筑，高
553.33 米，每年有超过 200 万人次参观，是来多伦多的游客的必
访景点。电视塔自下而上由基座、观景台、"天空之盖"和天线
塔四部分组成。基座呈三角柱体，内部设有纪念品商店、快餐厅、
小电影厅、儿童乐园和报告世界各地天气情况及时间的大型电子
显示屏幕等设施。我们搭乘时速 22 公里的电梯不到一分钟 (58 秒)，
就到了 346 米、位于约 113 层楼高的观景台。观景台外形酷似一
条轮胎，设有旋转餐厅、室内游乐场以及可以让你呼吸到真正新
鲜空气的户外瞭望台。旋转餐厅可容纳 425 人同时就餐，每隔 65

分钟旋转一次，游人可以一边品尝美味佳肴，一边体会登高望远的滋味，有雅兴者还可以在此一展舞姿。从这里往下看，数十层高的大楼就像孩子们堆成的积木，行驶在大街上的汽车则像甲虫一样缓缓蠕动，宽阔的安大略湖也变成了一泓清潭。解说员介绍说，在天气晴朗时，可视度达 120 千米以上。我们站在瞭望台上，整个多伦多的风景一览无余，令人赏心悦目。电视塔最独特之处是在观景台所建的玻璃地面，这块呈扇形的玻璃地面，让几乎每个尝试踏上这块玻璃地面的游客都战战兢兢的，如果再俯视玻璃下面如蚂蚁般微小的地面景物，更是惊心动魄。不过，还是有不少"冒险"者走上去，一偿心愿，各种景色尽收眼底。

有趣的娱乐活动

在加拿大期间，老师还给我们组织了很多有趣的娱乐活动。

在 GPS 定位游戏中，老师把我们一组分为四个小组，每个小组发一个 GPS 定位器和一张纸，让我们用 GPS 找到一个像订书机一样的东西，把上面的花纹印到纸上。结果，我们小组第一个找到了它并把花纹印到纸上，大获全胜！

曲棍球又称草地曲棍球，是奥运会项目中历史最为悠久的项目之一。曲棍球老师让我们大组的人分为两小组，即黄队与绿队。我们拿着球杆，在草地上打球。由于是第一次打球，我们很不熟练，抢个球都要五六分钟，虽然中途发生了一些不愉快的事，但我们还是玩得很开心。

我们还去保龄球馆打过一场保龄球，我的成绩还不错，在我们组五个队员中名列第二。我们还玩了几场桌上足球，但由于我技术不太熟练，总是输多赢少。

在加拿大的最后一天，我们举办了一场篝火晚会。篝火晚会上，有许多同学都上去表演了节目，我们二小和一小的同学进行PK，节目有唱歌、跳舞、表演特长等，结果打了个平手。噢，对了，我们组的牛童还向大家表演了绕口令呢！

回国

当地时间 7 月 21 日上午 7 点，我们登上了多伦多飞往北京的 AC031 国际航班，踏上了回国的旅途。

飞机在夜幕中飞行，空中之旅漫长而乏味，许多同学都睡着了，而我却睡意全无，回味着夏令营愉快的日子。同学们朝夕相处，学到了不少知识，结下了难忘的友谊。14 天的国外生活，虽然远离父母，思念之情时时涌上心头，大家却仍然感觉到十分兴奋和快乐。

但是，夏令营期间也发生了三件不得不提及的令人尴尬的事。一是我们组的一位同学在我们野餐时，因为内急，又一时找不到厕所，就一个人偷偷跑到旁边树林子里面随地小便，恰恰还被一个加拿大人看见了。这件事发生后，老师十分生气，同学们也感到很没脸面。最后，这位同学被老师罚写检讨，当天开会时向大家作出深刻检查。

第二是卢彦儒把枫糖和冰酒在机场通通打碎了，自己还擦不干净，得麻烦机场的工作人员来打扫，让大家都很扫兴。

第三是我们带队的校长在机场买了盒饭让我们坐在地上吃。说实话，坐在地上吃盒饭并不是吃的东西不好，关键是遭人白眼的感觉很糟糕。张老师调侃地说："我们这一群人快成'丐帮'了！"我听了心里很不是滋味。

我们乘坐的飞机于北京时间 7 月 22 日下午 3 点 55 分到达北京国际机场，稍事休息后便去用餐，准备换乘飞往西安的 MU2108 航班。晚上 7 点 40 分我们就过完了安检，本以为晚上 9 点 05 分就可以准时登机了，可是没想到飞机晚点了半个多小时。

当飞机降落在西安咸阳国际机场时，已是深夜 12 点了，我却没有一丝困意，也许是回家的激动加上时差的缘故吧！

当我推着行李车走出机场候机大厅时，老远就看见了前来接我的爸爸和妈妈。这时，我的鼻子突然酸酸的。是啊，终于到家了！

（此文发表于 2010 年第 11 期《美文》杂志）

笔下人物

爷爷的手

今年寒假，我和爸爸、妈妈一起陪爷爷爬华山，我扶着爷爷。当我的手刚触到爷爷的手时，我惊奇地发现，爷爷的手很粗糙，皮肤松弛且没有弹性。上山休息时，我开始仔细观察爷爷的手。

我先翻过来看看爷爷的手心，再调过去看看爷爷的手背。爷爷的手青筋裸露，呈褐色，手腕关节处明显突出，手掌上有很多茧子，皮肤像一个揉皱了的塑料袋，手腕处骨头明显突出。爷爷的手跟我的手比起来，相差真是太大了！

我问爷爷，您的手怎么会变成这样？爷爷感慨地说："劳动时累的。"

爷爷很小的时候就开始劳动，就是这双手，不知种下了多少棵树，栽下了多少禾苗，收获了多少庄稼。

爷爷的手上有许多老茧。我问爷爷："您手上哪来那么多茧呀？"爷爷笑着说："劳动多了，手上就会起水泡，水泡破了以后就生出茧了！小时候帮大人种地、锄草、割麦，慢慢的，手上就磨出了茧子。"

爷爷小时候连饭都吃不饱。现在，爷爷老了，他的身体瘦了，手也瘦了，经过了多少年，手就再也没有变回到原来的样子。

在山上玩了一天，下山后我发现我的手特别脏，手纹看得清清楚楚，那是因为脏东西像灰一样嵌进我的手纹里。指甲下方有一点皮起了刺，碰起来特别疼。我用水把手洗干净，用指甲剪剪掉了刺，样子就完全不同了。我的手又变得白白胖胖，特别干净。

看着爷爷的手，再看看我的手，我思绪万千。爷爷用双手创造了生活，用无私的爱，把儿女们养大成人。爷爷的手是劳动人民的手，是一双历尽风霜雨雪的手，更是一双勤劳的手。

我永远也忘不了爷爷的那双手。

妈妈的眼睛

人人都有一双眼睛，大家可能会想："眼睛有什么好写的？"可妈妈的眼睛和别人的眼睛就不一样，那是一双会说话的眼睛。

妈妈的眼睛像两颗黑宝石，镶嵌在她的脸上。妈妈的睫毛并不长，但她的眼睛十分漂亮。

每当我被老师表扬时，妈妈总会用欣喜的目光看着我。几天前，当我告诉妈妈，我的作文被老师评为范文在全班宣读时，妈妈的眼睛立刻眯成了一条缝，笑着说："好孩子，你真棒！继续努力！"

每当我犯了错误时，妈妈总是用严厉的目光看着我，仿佛在对我说："这一次犯错误可以原谅，如果下一次再犯就不能原谅了！"

有一次，我去上奥数课，老师给我发了一张试卷，回家后，我连试卷看都没看一眼就出去玩了。我回来后妈妈也回来了，我心里忐忑不安。到了晚上，妈妈问我："你是不是有什么事瞒着妈妈？"我只好从实招来："我没写完奥数试卷。"妈妈没有批评我，而是和蔼地对我说："孩子，做人要诚实，知错就改，就是好孩子。"我感到很惭愧，赶紧跑到书桌前，很认真地一口气做完了奥数卷子。

一次，我做数学题，有一道题我不会做，就去问妈妈。妈妈用信任的目光看着我说："我相信，你一定可以克服这道难题！"

但是，我还是没有做出来。妈妈用慈祥的目光看着我说："换一种思路，也许就能做出来。"

我绞尽脑汁，终于想出了这道题的答案。妈妈用赞许的目光看着我说："你真棒！"

妈妈的眼睛是一双焦急的眼睛，每当我生病时都会露出焦急的目光。有一次，我的脚骨折了，妈妈的眼神无比焦急，这双眼睛给了我无比巨大的力量。

妈妈的眼睛会说话。我爱妈妈，也爱妈妈的眼睛！

◎ 小学五年级

我的爸爸

　　爸爸长了一张国字脸，胖胖的，眼睛炯炯有神。你别看他现在这个模样，我看过爸爸年轻时的照片，他以前的脸庞很消瘦！爸爸说他这是发福了。

　　爸爸十分喜欢养花，家里的小阳台上到处是他种的各种花和植物，如：牵牛花、辣椒、滴水观音、西红柿等，使小阳台的空气清新，充满了生机。每天放学回家，我写作业写累了，就要来这里放松一下。爸爸也很爱惜这些花，每天回家的第一件事就是去看看他养的这些花草怎么样了。真可谓"爱花如痴"呀！

　　爸爸很健谈，一谈到自己感兴趣的话题时更是滔滔不绝。每当老家来人，爸爸就左一句、右一句地攀谈起来。有一次，我跟着爸爸回老家，爸爸喜悦之情溢于言表。后来我问爸爸，爸爸说，咱们的家乡原来不通公路，村里人要到县城卖粮食山货，来回要走一百多里的山路，村里人祖祖辈辈靠点煤油灯照明。几年前，家乡才修通公路，拉上了电，村里人才开始有了磨面机、碾米机、电视机和各种交通工具，家家户户的生活都有了变化。家乡人离致富的日子不远了!

爸爸酷爱书法,毛笔字写得很好,对书法艺术也有很深的造诣。有一年我回老家,路过乔河,顺便去看乔山新村,我老远就看见爸爸题写的"乔山新村"四个楷书大字,镌刻在村口的门楼上,字迹工整大方,刚劲有力,我特意在此拍照,留作纪念。后来,我在长安金仙观发现爸爸为"魁星楼"题名,三个行书大字行云流水,一气呵成,让人爱不释手。爸爸平时爱练书法,也经常督促我练习毛笔字。家里的书房里堆了一大摞宣纸,笔架上摆放了许多大大小小不同型号的毛笔。有时候,爸爸写字竟然要写到凌晨三四点。在爸爸的熏陶下,我也喜欢上了书法。在爸爸过45岁生日时,我特意写了一张书法作品,作为生日礼物送给爸爸,爸爸高兴极了。

爸爸在外地工作,每个星期五才可以回家。有时候我特别想念爸爸,就希望他不要在外地工作。每个星期天,我都舍不得爸爸离开我。可是,爸爸每次都说:"我还有许多事要做呢!"说完,就急匆匆地走了。

爸爸在单位是个"大忙人",每天晚上都要工作到十一二点,更有甚者,有时候还要工作到凌晨一两点呢!

这就是我的爸爸。

奥数班初遇

我的好朋友卢静远,身材较胖,圆圆的脸蛋,加上丰富的表情,让他更加可爱。

　　早就听说他要换奥数班。可是，我想都想不到我会在周日上午的奥数班上碰到他。

　　这天早晨，我像往常一样去上奥数课。上课时，老师正讲得津津有味，突然就听到后面一声："用除法！"我不禁回头，想看看谁这么不懂礼貌，可偏偏就看见了他。我心底一阵狂喜，可转念一想：万一我认错了人怎么办？于是我仔细地端详了他：圆圆的脸蛋，胖胖的身材，连他平时最爱穿的那件羽绒服都一模一样，准没错。

　　为了让他注意到我，我不时盯着他看。果然，不一会儿，他就看见了我。在和我对视的一瞬间，我发现他的眼睛瞪得像乒乓球，脸上的惊愕表情无以复加，好像要把我一口吃了似的。下了课，他走了过来，面无表情地对我说："我本来在那个班上课，但看见这个班有你的名字，我就进来了。"我看着他的脸，回忆起刚才的情景，忍俊不禁，哈哈大笑起来，说："刚才你的表情太那个了！"他很生气，"你……"不过说完，也跟着我傻呵呵地笑了。

人上有人

他个子虽小，记忆力却十分好。他是谁？他就是我们班的李思卓。

有一次，老师让我们背一篇比较长的课文，我费了九牛二虎之力，花了一个多小时才背过。我想，明天肯定有很多同学没背过。

果然不出我所料。第二天，老师一进教室就问："谁没有背过这篇课文？""呼啦"，全班一下子有三分之二的同学站了起来。老师又问："哪些同学背过了这篇课文？请站起来！"这次，只有我们十几个人站了起来，他也在其中，老师一个一个检查我们的背诵情况。轮到我时，由于情绪紧张，我背的磕磕绊绊，勉强通过。轮到李思卓时，他竟背得十分流利，一字不落。

下课后，我凑到他的桌前，问他："我花了一个多小时，才背成那样，你背得那么流利，肯定花了不少时间吧？老实交代，你背课文花了多长时间？"李思卓微微一笑，对我说："也就二十来分钟吧！"

什么？我十分沮丧，人家花费了二十来分钟，我花了一个多小时，他还比我背得好，真是"天外有天，人外有人"啊！

我们班的运动健将

说起我们班的那几个运动健将，嘿，那在年级之中也算得上数一数二的，现在，就让我来给你们介绍一下吧！

张祚源，他可是我们班不折不扣的跳绳大将，一分钟的小绳竞速，绝对不会下 200 下，他不仅仅只是小绳竞速成绩好，在"三跳运动会"上，他也会去比赛挽花、二摇、二摇挽花等项目，他还与我们班的惠毅翔一起开创了一种全新的跳绳项目——三摇。

别小看了这三摇，这可是跳绳之中的高难度动作，一般的人做不到，大概也只有张祚源才能跳得了吧！

惠毅翔，他不仅跳绳跳得好，跑步也很好，在排队之中，他就站在我的前面，在接力赛时，他可以算得上是我们男生组的救星之一了。

说了几个男生，再来说女生吧。在我们班中，女生体育最好的要属景天琛了。你别看她平时挺温和，在跆拳道比赛之中，她可是处处不让人的。在跆拳道的比赛中，她几次获奖，我甚至还听说，有家跆拳道馆还挂上了她的照片做广告呢。

我们班的运动健将还多着呢，要想再听一些？请听下回分解。

六四班的那些人

"Michael 迷"祝子峻

"Beat it——beat it——"听！这不是 Michael Jackson 的歌吗？嘿嘿，这准是"Michael 二代"——祝子峻在哼歌。

说起 Michael，我们班的每个人都会马上想到祝子峻。他对 Michael 的痴迷程度已经到了登峰造极的地步。在他的 ipod 里面，下载了许多 Michael 的歌。他在听歌时，双眼眯成一条缝，嘴里还哼哼唧唧的，一脸陶醉状。对了！祝子峻简直就是一台 Michael 的点唱机，Michael 的每首歌他几乎都会唱。

祝子峻对于模仿 Michael 也是下了大工夫的，Michael 的 CD 与专辑他一个也不漏。也许他整天在家没事就研究 Michael 演唱时的动作吧，否则，他怎么能将 Michael 的动作模仿得这么像呢？

他现在用着 Michael 的笔记本，本子上画的是 Michael 的画像，说话也是三句不离 Michael。唉！不知 Michael 在天之灵会不会知道中国有个小学生如此疯狂地迷恋他。

"搞笑王"刘宇昕

说起我们班谁最搞笑，那指定是"帅哥"刘宇昕了。

刘宇昕长得还算帅。他有一头蓬松的黑发，总爱穿一身"塑料"衣，言语举止都令人禁不住发笑。而且，他还非常爱装酷，总是时不时用手捋捋自己的头发。

记得有一次，班里开展"护蛋行动"，刘宇昕是"护蛋大使"之一，老师叫他上台摆 Pose，他从容地走了上去，用大拇指与食指夹住鸡蛋，把手摆在下巴下面摆酷，引得同学们一阵大笑，我当时笑得肚子都发疼呢！

对了，刘宇昕在我们班还有一个"小弟"——小卓。这小卓也不知为何"效忠"于刘宇昕。据小道消息说，是因为刘宇昕在 QQ 的"好友买卖"游戏中买下了小卓。这小卓还办了个什么"刘家白帮"，称刘宇昕为"刘总管"，称吴宜泽为"吴总管"。

刘宇昕呀、刘宇昕，你可真搞笑！

小个子李思卓

如果你是第一次见到李思卓的话，肯定会很吃惊：哇！这么小的个子，怎么可能是六年级的学生呢？不过，也难怪，都上六年级了，同学们的个子都长高了，只有李思卓的身高还停留在三四年级同学的水平。

你可别看他个子小，他的知识可是渊博得很呢！可谓上知天文，下知地理，又知古今。每到了科学课上，李思卓就大显身手，老师问什么，他能答什么。为此，班里许多同学都称他为"卓哥"。

另外，李思卓还是一位铁面无私的"包公"。这位"包公"管理的是我们班的早读纪律。每到早读，我们可爱的李思卓同学就六亲不认，管你张三李四王麻子，只要你不认真读书，你的大名就会出现在教室黑板的"批评栏"中。那么，恭喜你！你今天就成了新时代的"小抄写员"，慢慢抄你的《小抄写员》去吧！

关于卓哥，还有许多传说：班里的"记忆王"，男生中的"尿神"……

PS：以上为李勇剑扮演的李勇剑的个人观点，与李勇剑本人无关。

（此文发表于 2010 年 6 月 17 日《西安晚报》16 版"荷尖"副刊）

话神与话圣

我的座位左边就是话神与话圣——馨蕊和毅翔二人组。一旦班里没有老师管着，吵得最厉害的一定是他们。乍一听，他俩唧唧喳喳，听不清楚，但细心一听，你就会佩服他们了。他们会从天文聊到地理，从笑话聊到明星。聊到高兴处还会趴在桌子上笑一阵子。啧啧，话可真多。不过，今天我要说的却是他们的一件惨事。

那天上午，数学课刚开始五六分钟，他们那边还悄无声息。也许是馨蕊和毅翔的"不安分神经"作祟吧，不一会儿，那一边先是传来了细微的声音，而后，声音越来越大，隔着几米远，我们都能听得一清二楚。

我心里不禁想：好家伙，这两个家伙连王老师的数学课都敢这样，真是不想混了。别看王老师平常为人和蔼，他一旦发怒了，这两个人可没有好果子吃喽！

可能是他们两人的声音太大了吧，王老师的眉头渐渐皱了起来，好几次喊："眼睛往这里看！"竟然没有奏效。最后，王老师终于"火山爆发了"，叫毅翔站起来。毅翔满脸无奈地站了起来，嘴里还嘟囔了一句："让暴风雨来得更猛烈些吧！"

终于，这个世界清静了。

大千世界

荷兰猪

我家养了一只小动物——小荷兰猪。

小荷兰猪长着一条小尾巴，身上的毛有三种颜色：棕色、白色和黑色，三种颜色搭配起来，漂亮极了。小荷兰猪胖胖的，特别可爱。它有四个小爪子，可以牢牢地抓住笼子。

小荷兰猪喜欢吃的食物有：苹果、瓜皮、黄瓜、胡萝卜等。它吃东西的时候，总是先把东西拖到笼子里再吃，好像害怕有人来抢似的。

有时候我写完作业，就凑到它跟前，观察它。它一发现我，就发出"咝咝"的声音，好像在跟我打招呼。

这就是我家养的可爱的小荷兰猪。

陕西苹果

陕西是苹果大省。听说陕西苹果总产量占到世界总产量的八分之一，占中国三分之一呢！

苹果先是绿色，随后颜色渐渐地变成浅红，最后变成深红。秋天，苹果熟了，从树上摘下一个，轻轻咬开它，"嘎嘣"一声，就可以看到黄色的果肉，酸甜爽口，好吃极了。听说外国人对陕西苹果都赞不绝口呢！

苹果没成熟时很酸，熟透了就慢慢变甜了。听爸爸说，苹果含有丰富的维生素、氨基酸，对身体十分有益。

近年来，陕西渭北农民几乎家家种苹果，苹果已成为农民伯伯的"致富果"。它使家乡人民摆脱贫困走上了富裕的道路。

我爱陕西，更爱陕西的苹果。

石头

同学们！你们想知道石头的故事吗？想知道，就请往下看。

化石

化石是保存在一定地质历史时期的岩层或沉积物中的生物遗体或遗迹。科学家认为，化石首先应具备生物特征，如形状、结构、纹饰和有机化学组成等，或者是能够反映生物生活活动而遗留下来的痕迹。

太湖石

太湖石久享"千古名石"之盛名，它在中国四大传统名石中最能体现"瘦、皱、漏、透"这一古典赏石标准，有较高的观赏价值和收藏价值。

太湖石有水、旱两种，"水太湖"产于湖中，十分稀贵，目前基本上看不到它的踪影了。"旱太湖"产于湖周围山地，枯而不润，棱角粗犷。

石头真是太神奇了，希望我们能了解更多的石头故事。

◎小学四年级

菊花

春节前的一天，妈妈神秘地对我说："你想不想养花呀？"我高兴地回答："当然想了！"妈妈就像变魔术似的从身后拿出一盆菊花，我迫不及待地从妈妈手上接过花盆，轻轻地把它放在阳台上。

从此，我每天都细细地观察它的神态。

瞧！菊花碧绿的叶子像玉石雕的一般，不规则地长在茎的两侧。清晨，叶子上的露珠在阳光下一闪一闪的，真像一幅出自名家之手的画啊！菊花茎的颜色要比叶子深很多，棕色中又略呈绿色。茎上有很多皱纹，好像久经风霜。它的根牢牢扎在泥土里，再大的风也刮不倒。菊花的颜色金黄金黄的，花瓣像金色的瀑布一样低垂着，开得格外灿烂、美丽。

菊花的香虽比不上桂花那样浓郁，但也有一股清香，让人闻着心旷神怡。

古人把梅、竹、兰、菊称为"四君子"，是因为它们有着坚贞不屈的品格，才被人们所传颂、学习。

我爱菊花，爱它千姿百态，爱它绚丽多彩，爱它淡淡清香，更爱它坚忍不拔的品格。在树木落叶、花草枯黄的时节，它依然生机勃勃，迎着凛冽的寒风，挺立着身躯，散发着淡淡清香。

我爱菊花！

化石

我喜欢石头，也收藏了许多石头，但我更向往得到一块化石。

以前，我只是在电视里见过化石，如恐龙化石、恐龙蛋化石等，但我还是希望能看到真正的恐龙化石。

恐龙化石在吉林发现得最多，有的是霸王龙化石，有的是三角龙化石，还有的是剑龙化石。这些化石在博物馆里看起来栩栩如生。

这个学期，我们还学习了三叶虫化石。我从资料中了解到：三叶虫背部有三条深沟，因此而得名"三叶虫"。三叶虫在海底生活，在许多国家都发现过，其中我国发现的最多，有1000多种。三叶虫是6亿年前到2亿年前的古老节肢动物，它以摄取大小生物以及低等植物为生。

我喜欢化石，因为通过化石可以断定在亿万年前称霸地球的恐龙的种类和生存状况，可以让我们了解许多古生物的有关知识，还让许多作家有了写作的题材。

啊！化石真是太奇妙了！

泼水节的由来

在西双版纳，至今流传着这样一个故事。

在很久很久以前，在金沙河边的密林深处有一个傣族山寨。有一天，林子起火了，村子正面临着被大火吞噬的危险。这时，一个名叫李良的傣家汉子，为了保护村子，不畏危险，冲出火海，从金沙江里挑来江水，泼洒灭火。

经过一天一夜的扑救，火终于灭了，村民得救了，李良却因为劳累而倒在了地上。村民为了救李良，打来清水为李良解渴。但李良喝了九十九担清水，仍解不了渴。最后，李良干脆一头扎进水里，变成了一条巨龙，顺江而去。也有人说，李良变成了一棵大树。

傣族人民为纪念李良，每年三月初三这天，就将房屋清扫一新，撒上青松叶，并在选定的井旁，用绿树搭起青棚，棚下撒满厚厚的青松叶，两边放上盛满水的水槽。人们穿行于棚间，相互用青松叶蘸水洒身，用吉祥幸福的水互相泼洒，表示对李良的怀念和新年的祝福。

这个节日一直流传至今，成了傣族人民辞旧迎新，互相祝福的节日——泼水节。

牵牛花

当太阳升起，第一缕阳光射向大地时，牵牛花就慢慢举起它的"小喇叭"，像在吹奏美妙的乐曲。

一朵，两朵……绿色的藤蔓上很快就布满了大大小小、颜色各不相同的牵牛花。蓝色的、红色的、紫色的花朵绚烂地绽放了，晚上那些蜷缩起来的花瓣也完全舒展开来，轻轻地抚摸一下，一股凉意顺着指尖蹿到身上。牵牛花是那样的自然，无半点矫揉造作，简直是浑然天成。

绿色的藤蔓顺绳而上，绿油油的，把夏天的特色展现得淋漓尽致。藤蔓任意生长着，仿佛花盆中的土不是在花盆里，而是在大地上一样。我看见过牵牛花发达的根部，并不比一棵小树差多少，可见它有多么顽强的生命力呀！

牵牛花，让我陶醉。

飞机模型

两天前，爸爸从外地带回来一架飞机模型，我十分喜欢，就细细地观察起来。

这架飞机模型通体银白，机翼后部与机身后部都印有"八一"的字样，由此可以断定，这是一架战斗机。战斗机的机尾，有一个很大的尾翼，它的下面，是一个硕大的喷气筒，直径几乎与机身的粗细差不多。在喷气筒的两旁，有两个可调整角度的板子。它的前面，便是飞机最重要的部分——机翼了。机翼下面，并排挂着六枚导弹，在机身的下面还有一枚。这几枚导弹按小、中、大、大、中、小的顺序来排列，十分整齐。

再往前看，便是机头了。机头旁有两个可旋转的侧翼，底下还有一个起落架。在起落架的前上方就是机舱，机舱闪闪发亮，还透着金光。机舱下面印有四个数字：1043，也许是这架飞机的编号吧！

纵观飞机全身，始终透着现代的气息，这是我们国家多少科技工作者智慧的结晶啊！我感到了中华民族的伟大，以及作为一个中国人的骄傲与自豪！

我想，只有牢固的国防，才能保证我们国家的领土完整和国家安全。

微小生命

自从三百多年前列文虎克发明了显微镜后，人类就一直利用显微镜进行观察研究，并不断改进它。现在，已经发明出了可以放大几千万倍，甚至几亿倍的显微镜。前不久，爸爸就给我买了一台显微镜。

不看不知道，一看吓一跳，原来，微小的东西也这么奇妙。在显微镜下，爸爸的烟灰竟变得有拳头般大小，表面看上去光滑的蛋壳，也变得坑坑洼洼。而且，我在显微镜下看到的蚂蚁，生龙活虎，十分粗壮。

我找来一滴污水，放在显微镜下一看，许许多多的小虫子在水中游动着，我愣住了。我没有想到，这些看起来微不足道的生命，不论在多么恶劣的环境下，它们都能生存下来。这些虫子甚至在两块玻璃片的挤压下，还能生存下来，可以想象它们的生命力有多么顽强！

这不禁使我想到了课文《野草》，文中描写的野草不畏风霜，野火烧不尽，春风吹又生的顽强的生命力，真是令人叹服。

如果地球不转了……

几亿年后的一天早晨，小男孩汤姆发现早上天还是黑的。他就问妈妈："妈妈，怎么天还是黑的？"妈妈说："我刚看过早间新闻，新闻里说地球突然不转了，新闻里还说，地球村的村长正在为全力拯救地球而想办法。科学家正在抓紧制造人造太阳和巨型防阳伞。"

果然，4小时后，新闻里说，地球朝向太阳的一面温度超过50℃。由于地球停止转动，许多高楼大厦倒塌，太阳能发电站供电不足，有的城市出现治安混乱……

其实，早在几年前，这个巨大的发明制造就已经在地球村上启动了。科学家正在探索宇宙间适合人类居住的星球，它们在月球和火星上发现了大量的水和生产氧气的物质……

就在地球停止转动的几个小时之后，地球村的村长郑重地向大家宣布，人造太阳和防阳伞已经制作成功，为了减轻地球的负重，人们还可以有秩序地向月球和火星上转移。

人类用自己的智慧使地球恢复了往日的平静，可是，人类也承受着不爱护地球所带来的惩罚。

虽然上面的故事只是一个假设，但是，如果人类不爱护地球，在不久的将来，这个故事将会变成现实。

如果地球不转了，地球上的一年四季春夏秋冬将不复存在。

如果地球不转了，地球人的末日也为时不远了……

但愿我们的担忧是多余的。

森林的呼唤

我走进大森林，首先听到了几声清脆的鸟鸣。树上的松鼠活蹦乱跳，简直像个舞蹈家。鸟儿十分快乐，它们有的在地上找吃的，还有的在天空中盘旋。最有趣的就是啄木鸟了，它的两只爪子紧紧抓住树干，用嘴在树上啄，不一会儿，就把一只大青虫啄了出来……地上的草坪绿茵茵的，参天大树挺得笔直，星星点点的花点缀在草坪上，宛若一幅美丽的画卷。动物们十分快活，你追我赶，嬉笑打闹，好不热闹！池塘里，小鱼在快活地游泳；草地上，小鹿在溪边散步，时不时向水里看一眼，好像一个漂亮的姑娘在照镜子。清澈的泉水在哗啦啦地唱着歌。我情不自禁地捧了一口泉水畅饮，感觉清凉、甘甜，沁人心脾。

踏在绿茵茵的草地上，我深深地吸了一口新鲜的空气，一股青草夹杂着泥土的香味扑鼻而来。我仿佛变成一只小鸟，飞起来了，飞过树梢，飞上蓝天，我要把这美丽的大森林看个够。

但是好景不长。不知从何时起，大树被砍伐，河水被污染，小鸟被驱逐，动物们无家可归，绿茵茵的草地尽失往日的风采。

大森林在哭泣，蓝天白云，满脸愁云。

整个大森林在呼唤：救救我们吧！

但愿地球上最后一棵大树，不要仅仅在博物馆里才能看到。

我希望……

我希望我的房间是一架飞机，里面有十个座位，每个座位上都安装了按摩器，只要你坐上去，按一下旁边的绿色按键，椅子就开始用您喜欢的力度，给您按摩。来到驾驶舱，你就会发现，里面的仪器按钮多得让人眼花缭乱，什么起飞、减速伞、加速、减速、防毒面具，等等，数不胜数。

这架飞机还可以在水上降落。"什么？在水上降落，没搞错吧？"也许你会这样说。可是，你别急，马上就水落石出了。看！飞机先在水上铺了一层浮水布，慢慢地降落在浮水布上，过了一会儿，飞机又起飞了，我在飞机上飞呀，飞呀……

我希望我的房间之所以是这样，是因为有许多地方我没有去过。所以，我想把房间变成飞机，去欣赏祖国的大好河山。

我"回"到了古代

"嗯？这是哪里？"

我睁开惺忪的睡眼，却发现自己躺在一张大床上。这时，有几个侍女打扮的人走了过来。我感到奇怪，问她们："你们干什么，为什么打扮成这样？"

"你在说什么？我们都是你的侍女呀！"她们一脸疑惑。

"那我是谁？"我更奇怪了。

"你是本城最大的财主——黄仁翔的儿子黄宝呀！"

侍女的话让我一下子惊呆了，心中马上想到：难道我就是像电视里、小说中一样，与古代的人交换了身份？我心中暗叫：阿拉真主，如来佛祖，观音大仙，上帝啊！保佑我吧！保佑这只是一个梦，不要让它成为现实，保佑……

这时，一个胖胖的男人走了进来，问："怎么了？"

那几个侍女应道："少爷他一醒来就好像不认识我们了，而且还呆呆的呢！"

我说："我没事。"于是就开始洗脸。洗完之后，我就走进后花园，发现我的"父亲"还真是有钱，花园修得美丽至极，花坛处处，里面的花争奇斗艳，好一幅美丽的图画。

"少爷，老爷叫你！"一个侍女从旁边跑过来对我说。

我跟她过去，到了地方才明白我犯了一个大错误：古代的人都是要请"早安"的，我却忽视了这一点。我真是太笨了。

给我的"父母"请过"早安"之后，我觉得自己既然来到了古代，就要像古代人的样子。于是，我想古代人身上都会带一把剑（我从小就喜欢武功），我就差人为我打制一把上好的宝剑。

这时，我又想到，古代人说话都是文绉绉的，写信也是用文言文写。于是，我去书店买了几本最基本的文言文书回来学习。

最后，我又觉得要文武兼练。于是，又买来《拳谱》，每天照着练习。没过半个月，我就已经练得有板有眼了。

过了三个月，我终于习惯了古代的生活。这一天，我照常上床睡觉。

第二天，我却发现我身处现代。当然，我高兴极了，我大喊："吾归也！吾归也！"周围的人都奇怪地看着我，我这才发觉：我读了太多的文言书，所以连说话也变成文言文的了。

听说，那个与我身体互换的那个什么黄宝，回家之后十分能干，洗菜、洗碗、洗盘子，样样都能干呢！

假如我有一双火眼金睛

每个人都会有许多幻想。我的幻想是——希望有一双火眼金睛。

假如我有一双火眼金睛，我会像警察那样让不法分子无处藏身，将他们绳之以法。

假如我有一双火眼金睛，我就会很快识别出假冒伪劣的食品和药品，让老百姓吃得放心。

假如我有一双火眼金睛，我会看透动物的心思，让它们与人类一起和谐快乐地生活。

假如我有一双火眼金睛，我就可以当一名医生，准确判断和医治所有患者的疾病，让人们生活得更加健康、幸福。

假如我有一双火眼金睛，我将发现地下所有的宝藏，把我的发现贡献给国家，让祖国更加繁荣富强。

假如我有一双火眼金睛……

◎ 小学四年级

如果世界上没有了音乐

"音乐"一词，在《现代汉语词典》里的解释是：用有组织的乐音来表达人们的思想感情，反映生活现实的一种艺术。

音乐，是我们生活中不可或缺的一部分。每天，我们都会听到音乐，音乐总会用动听的旋律来打动我们。听着音乐，沉浸在音乐美妙的旋律中时，总会给人一种身临其境的感觉。

音乐让我们的生活无比快乐。清晨，我会听着院子里"嘀嘀嘟嘟"的声音去上学。下午，我又伴着同学们悠扬的歌声回家。有时，我也会吹一吹萨克斯，听着那欢快的声音，我会十分高兴。可是，如果这个世界上没有了音乐，这个世界将会是什么样呢？

如果世界上没有了音乐，森林里就不再热闹，鸟儿也不唱歌了，世界将会像死一般的寂静……

如果世界上没有了音乐，世界将不再五彩斑斓……

如果世界上没有了音乐，那动听的旋律又将为谁高唱？

如果世界上没有了音乐，我不敢再往下想……

我是太阳城的小公民

我家住在市区，到处都是吵吵闹闹的噪音。爸爸觉得我的学习会受到影响，所以一直想搬家。

有一天，爸爸在网上看见一则广告：太阳城住房，低价出售。爸爸二话不说，立即订购了一套向日葵型的房子。

进了太阳城，只见一片金光，原来是用 PS 材料制成的金刚玻璃在发光。这里的房子材料只有玻璃和水泥，十分低碳、环保。房子里生活用品一应俱全。于是，我们一家就在这里住了下来。

一天上午，我和爸爸去活动室打乒乓球。刚进活动室，就看见有人拿着两个奇怪的东西向我们走来。我好奇地问："叔叔，这是什么呀？"叔叔回答说："这是太阳能新型球拍，你试一试就知道了。"我连忙接了过来，撅了一下开关，这个奇怪的东西立即变成了球拍。我和爸爸就用它打起球来。直到打得汗流浃背，我们才高高兴兴地回到家里。

我和妈妈去逛商场，看见一件衣服，物美价廉，这件衣服也是用太阳能控制的，按第一颗纽扣，就会变得凉快；按第二颗纽扣，就会变得暖和，穿起来十分舒服、方便。

这里的汽车速度也非常快，而且不用油，遇到堵车，汽车就飞起来行驶。有太阳时，它可以利用太阳能蓄电器吸收太阳能；没有太阳时，还可以去加电站充电，十分快捷、方便。

我为我是一名太阳城的小公民而深感自豪，我一定要努力保护环境，使太阳城永远美丽、低碳、干净。

假如我在美国

我是一名在美国哈佛大学留学的中国留学生。

一天，我在报纸上看到一个黑人孩子得了白血病却没钱医治的消息后，想发动同学们帮帮他。

我来到教室，把这个消息告诉了同学们。出乎我意料的是，几个白人同学听到以后，竟然一副无所谓的样子，说："一个黑鬼而已，帮他干吗？"

我十分气愤："难道黑人就不是人吗？黑人就没有生存下来的权利吗？像你们这种没有爱心的人，以后你遇见困难时，还需要人来帮你吗？"

我想，学校里有许多黑人同学，他们一定会帮助这个黑人男孩的。

果然，黑人同学听见了后，纷纷把自己的零花钱拿了出来。我们把自己募捐到的钱数了数，总共才一千美元。而我在报纸上看到，治白血病一共要花三万美元。

怎么办？我灵机一动，想到了一个好主意。

第二天，我走进校长办公室，说出了自己的想法，校长听了后，决定马上动员全校师生为那个黑人男孩捐钱。

我真替那个男孩感到高兴，他终于有钱治病啦！

后来，我们把钱寄给了这个黑人男孩。不久，他的病治好了，还给学校寄来了一封感谢信。我高兴极了。

如果人与人之间都能互相帮助，那么，这个世界将会变得更美好！

假如我是一名服装设计师

到了 2030 年，我就是一名服装设计师，我设计的服装颇受人们喜爱。我说不上鼎鼎大名，也算是小有名气了。可是，最近出现了一件令我烦恼的事，听我慢慢给你道来。

最近，总有顾客向我反映，我们公司设计的衣服款式新、材质好，但是，为什么不设计一款带有新式功能的衣服呢？这样，就会让衣服既好看又实用。

看到这儿，您一定会问我：这不就是增加销售量的好方法吗？你还发什么愁呢？

这个主意的确好，可是，我是服装设计师，又不是科学家，怎样才能设计出令顾客满意的新式服装呢？

正在我为这件事烦恼时，我突然想到了一个人——卢彦儒。他从小学就喜欢科学，现在成了一位大名鼎鼎的科学家了。为何不去向他求教呢？

我乘坐无人驾驶汽车来到了"卢氏科学馆"，找到了卢彦儒。寒暄之后，我把我这次来的目的告诉了他。他说："正好我正在研制微缩电器，再过几天就可以制作完成了。"我听后高兴极了，一连说了几声谢谢才告辞。

回家后，我一直在等他的电话。五天后，我听到电话在响，急忙拿起电话，电话那头就传来卢彦儒狂喜的声音："快来，李勇剑，快来！我的发明成功了！"接着，就听见一阵大笑。

我欣喜万分，马上开车到了他的科学馆，一进门就看见了他发明的多功能微缩电器样本。

"这就是我的新发明！"卢彦儒得意地说。

"谢谢！太感谢了！"我高兴得手舞足蹈。

我马上把样本拿回去，制作了一件"多功能衣"。衣服上市后，很受顾客欢迎！我和卢彦儒都很高兴。

什么？您想订一件？好啊，请拨打 1234567，货到付款！

未来的马

公元 2058 年，基因技术与电子技术已十分发达，一种经过基因变种的马横空出世了。

这种马是马与鱼、豹、鹰以及机器人的集合体，它不但可以跑，还可以水上移动、潜水和飞行，但最让人不可思议的是它还会变形，而且你从它的外表上丝毫看不出有什么特别。这种马奔跑起来可快了，时速可达 500 千米，人骑在马上稳稳当当，像坐汽车一样舒服。

令人称奇的是，在马的耳朵上有一个连接大脑中枢的声控器，只要说出地名，它就会自动连接互联网，查出详细地址，并且优选出行进路线。同时，它的大脑中枢里还装了一个无线网速处理器和 50 核微型 CPU，运行速度快极了。

由于这种马是水陆两栖型，在水中行进时，会给乘客带来一些方便。它会自动打开一层隐形玻璃，以保护乘客。

它的携带也十分方便，只要按下藏在马头上的触摸点，它就会变化成手提箱。若要用时，只要再摁一下按钮，手提箱就又自动还原成一匹马了。

哦，对了，它的能源来自垃圾，一公斤垃圾可以让马跑三个小时呢！

怎么样，不错吧！如果想订购的话可以拨打电话 4007355568 哦！

我回到了不曾用火的时代

"扑通"一声，我从天上掉了下来。爬起来以后，发现四周郁郁葱葱，林木叠翠，就连远处的高山也看得一清二楚。

"天啊！我来到了什么地方？"我不由地大叫起来。这时，一阵"沙沙"声打断了我的思路。我从树上折下一根木棒，以备防身。

这时，有几个头发如同鸡窝一样的"野人"钻了出来。我只好跟着"野人"走。到了一个山洞前，"野人"停下了脚步，做了一个"请"的手势，让我进去。

我刚刚走进洞口，就闻到一股发霉的臭气。继续向里面走，我看见了几个"野人"正在吃一只生鹿腿。这里没有火，"野人"

的进食方法令人十分倒胃口：每个人对着鹿腿上去就是一口！这时，有人递过来一块生肉，我本来不想吃，可是又怕他们生气，只好硬着头皮咬了一口。

当我刚咬下去第一口时，我差点儿吐了，现在哪里还有如此难吃的东西呀！我想：没有火的世界真是太不好受了！

刚咬下一口，我就听见一声咆哮，我赶忙走出去看，原来是一只老虎正在追赶一个人。我急中生智，举起一大块石头，扔向相反的方向。果然，老虎被吸引了过去。我避开了"野人"的注意力，趁机跑出了山林，坐在一块大石头上。我想，终于可以松一口气了。

"丁零零……"闹钟把我叫醒了，原来我做了一场梦。

诺言无价

——《诺言》读后感

读了《诺言》，我才深深地感到信守诺言对人来说是多么的重要。

《诺言》讲了一个小孩在做游戏时，别人忘记了他，可他一直遵守着他的诺言，等到天黑。

生活中也有这样的人。小时候，我和朋友约好去玩，可是左等右等等不来人，去他家一看，家里早已空空如也，而我却在那里傻等了 1 个多小时。

现在我才明白，这并不是傻，而是一种诚信的表现。有一次，我答应去同学家里玩，但后来家里有了急事，没有去成。事后我跟他道歉了很多次，他说："没关系！"

读了这篇文章，我明白了一个道理，一个人要永远遵守自己的诺言，不可以失信于人。

我们一定要遵守诺言。

◎ 小学五年级

爱，平常却伟大
——读《一碗馄饨》有感

> 亲情虽平常，却很伟大。
>
> ——引子

亲情是朔风呼啸的冬夜，母亲手中翻飞的针线；是烈日炎炎的夏日，父亲手中驱蚊的芭蕉扇；是久别重逢后，亲人的一句平淡的问候。每当我感到妈妈对我的爱时，我就想起了《一碗馄饨》这篇文章。

这篇文章讲述了一个女孩和母亲吵架之后，一气之下离家出走，后来在一位卖馄饨的老婆婆的开导下，理解了母爱的伟大。

文中写女孩和母亲吵架只能说明她们有隔阂，并不说明母亲不爱女孩。可是，女孩却离家出走，她的这种行为让我无法理解。

文中的最后一句话说得好："有时候，我们会对别人给予的小恩小惠感激不尽，为什么对自己的亲人的一辈子恩情却视而不见？"这或许是拥有太多而麻木的缘故。失去的感觉会让你感到更加珍贵。

　　以前，如果我和妈妈吵架，我会很生气，有时候会把门一摔。

　　现在，我不会这样了。如果我和妈妈有不同的意见和看法，我会心平气和地与她讨论。如果妈妈说得对，我会认真改正；如果不对，我也会有礼貌地指出来。

◎ 小学六年级

读《宝岛台湾》有感

读了《宝岛台湾》，我真切地感到了宝岛台湾的富饶与美丽。

台湾盛产甘蔗、水稻，而且全岛的55%都是森林，被称为绿色宝岛。宝岛台湾的地下埋藏着石油、金等10余种矿产。此外，宝岛台湾还有很多种水产，仅鱼类就有500多种呢！

台湾自古就是中国领土不可分割的一部分。清朝时，台湾被外国人占领，但在郑成功与台湾民众的共同努力下，收复了台湾，使台湾终于摆脱了外国的殖民统治，台湾人民获得了自由。

还记得去年台湾遭受"莫拉克"台风袭击时，中央电视台还专门举办了募捐活动，帮助台湾同胞渡过难关。

台湾人民是我们的骨肉同胞。现在，台湾和大陆还没有统一。但我断言，有朝一日，台湾一定会回到祖国的怀抱！

《海蒂》读后感

在这个世界上，名著有成千上万本，但在我读过的这些为数不多的名著之中，让我记忆最深刻的便是《海蒂》这一本书了。

《海蒂》主要讲述了瑞士小姑娘海蒂被姨妈送到了山上，与爷爷度过了一段快乐的时光，但好景不长，海蒂被她的姨妈带到了法兰克福去陪富家小姐克拉拉读书。但最后还是由于海蒂太想山上的生活了，所以克拉拉的父亲——塞泽曼先生把海蒂送回了山上。

读完这本书，我真真切切地懂得了一个道理：不管你家境贫寒，还是出身卑微，只要你的心灵是美好的，你就可以影响别人，改变别人的生活，使别人的生活也充满生机与希望。

就拿书中的主人公——瑞士小姑娘海蒂来说吧，她的家境并不好。但是，她有着大富大贵的人无法比拟的人格魅力；她有着可贵的纯真与善良。海蒂用她那颗金子般的心，打动了许多人：她使爷爷不再离群索居，使富家小姐克拉拉对生命有了新的认识，使厌学贪玩的放羊娃彼得学会了朗读，使丧女不久的医生从死亡的阴霾之中走了出来……

虽然海蒂不过是作者虚构出来的人物，但当我读了这本书之后，却没有产生半点的虚构之感。我从天真善良的海蒂身上看到了人类纯真的本性。

在现实生活之中，不也有这样的人吗？他们乐于助人，与文中的海蒂一样有一颗金子般的心灵。

《海蒂》的魅力，在于它充分体现了人性之中最美好的一面，在尔虞我诈的现实生活中，它可以唤醒人们的爱心。爱与被爱是我们每个人一生中必有的行为与感受，是生命的根基，是每个人心中永不泯灭的希望。

希望大家都可以去读这本世界名著。

诗意盎然

我想……

我想把眼睛，

安在风筝上，

看蓝天多美丽，

看大海多宽广。

望啊，望！

蓝天是我梦想的天堂。

我想把手儿

接在轮船上，

摸摸海底多奇妙，

摸摸小鱼多漂亮。

摸呀，摸！

我要在摸索中成长。

◎ 小学四年级

太阳

伟大的太阳，
给我们带来明媚的阳光。
伟大的太阳，
给予我们春一般的温暖和馨香。

人类的火种在你的双手下萌生，
奥运的火种在你的辉映下点燃。
你用你的温度，
感化、温暖着这个世界。
地球上的万物，
都是你的孩子。

伟大的太阳，
使人类拥有美好的梦想。

礼物

去年春天，
妈妈送我一盆小花，
看着小花慢慢长大，
我懂得了自然。

今年春天，
妈妈送我一本《成语字典》，
品读着里面丰富的成语，
我懂得了许多知识。

大自然的语言

你看那威力十足的闪电，
这就是大自然的语言。
这是在告诉人们，
大雨近在眼前。

你看那麦苗上厚厚的雪被，
这也是大自然的语言。
他告诉农民伯伯，
来年是个丰收年。

◎ 小学五年级

梦想的变化

从我懂事起，

梦想每天都在变化。

五岁是宇航员，

遨游宇宙看世界。

六岁是工程师，

指挥工程多神气。

七岁是警察，

掏出手枪逮罪犯。

八岁是老师，

教书育人受夸赞。

今年我九岁，

想当科学家！

研究科技搞发明，

多为人类作贡献！

书

书，

常常使我浮想联翩。

我一会儿想象自己是英雄，

一会儿想象自己是超人。

一会儿想象，

自己是打败恶龙的勇士，

一会儿想象，

自己是穿越火线的特警。

合上书本，

我忽然发现，

书里的世界真神奇！

◎ 小学六年级

生之礼赞

在这辽阔的大地上，
只有奋斗，
才能被人所歌唱。
为了理想，
一起扬帆起航。
想要实现理想，
必须斗志昂扬！
行动起来吧，
不要等待，
不要迷茫。
在奋斗的路上，
也许充满了泪水，
但我们依然向往阳光。
抬头看看吧，
成功就在不远处，

努力就可以实现理想!

来吧，朋友们，

一起起航!

舞台世界

五指兄弟

场景：屋子里。

人物：大拇指，食指，中指，无名指，小指，手掌。

旁白：有一天，五指兄弟在讨论一个问题：五指兄弟中谁最重要。

大拇指（得意地）：那当然是我啦，我的力气最大了，你们几个干什么事都需要我来帮忙！

食指（不服地）：我虽然力气不如你，但是比你机敏，再说，干活我比你强多了。人们打仗时，扣扳机、拉手榴弹的保险栓，都得靠我！

中指（不屑地）：我地位优越，身材修长，颇有大将之风范，连古人都称我为"将指"，所以我才是最重要的。

无名指（懒洋洋地）：我才最重要。想想吧，主人为什么把钻石戒指戴在我身上呢？

小拇指（生气地）：如果没有我，主人能自己掏耳朵吗？所以我才是最重要的。

旁白：它们讨论得越来越激烈，最后一致决定弹琴比胜负。

（比赛开始，大拇指先弹，它弹得断断续续，还时不时出错，连一首完整的曲子都弹不下去）

食指：瞧你那样，还是我来吧！

旁白：食指也失败了。中指，无名指和小拇指也败下阵来。

手掌：孩子们，你们各有各的长处，各有各的短处，你们只有取长补短，团结协作，才能取得成功！

旁白：五指兄弟听了，连连点头。从此，它们又是好兄弟。

减肥记

人物：灵王　大臣一　大臣二　灵王弟　大臣一妻

第一幕

宫殿里，灵王坐在龙椅上，身旁是他的弟弟，底下坐着大臣一、大臣二。

画外音：上朝——

灵王：（问大臣一）昨天叫你办的事办好了吗？

大臣一：（一拍脑门儿）哎呀，皇上，臣罪该万死呀！

灵王：（一脸不悦）昨天明明叫你今天办好的，怎么回事？啊？（一脸怒气）你看看你，肥头大耳，肚满肠肥，一件小事都办不好，真是又胖又蠢！

灵王弟：（满脸笑容）王兄息怒，他胖是胖了点儿，可是……

灵王：（一挥衣袖）行了，不用说了。（指着大臣一）你，从明天开始，必须减肥，如有不从，杀无赦！

大臣一：（一脸惊恐）是，皇上。

第二幕

大臣一家中。大臣一躺在床上，床的右边，桌子上摆着各种精美食物。

大臣一：（一脸忧愁）唉，我真是不想减肥呀，可是皇命难违呀，怎么办，怎么办呀！

大臣一妻：夫君，我倒有个办法，可以让夫君快速减下肥来。

大臣一：（一脸喜悦）是吗？太好了！快说吧！

大臣一妻：第一，一天只吃一餐；第二，每天早上起来时深吸一口气，束紧腰带；第三，多做运动，每天多跑几百米。

大臣一：好！就这么办！

画外音：从此，大臣一每天苦练跑步，只吃一餐。

第三幕

宫殿。

灵王：（指着大臣一）你，你怎么变得这么难看，脸又黑又黄，瘦得像麻秆儿一样。

大臣一：大王，这是你说的呀，若不减肥，杀无赦呀！

大臣二：（点头）是呀！这些话被太监们添盐加醋地对各位大臣讲了一番，现在，各位大臣也纷纷开始减肥了！

灵王弟：王兄，作为一个领导人，应该有一个好的精神面貌，为臣子做一个好的榜样才对呀！

灵王：（叹气）唉，你说得对呀，我真后悔当初说了这句话呀！

（剧终）

信札

给黄老师的一封信

敬爱的黄老师：

　　您好！

　　最近身体还好吗？工作还顺利吗？

　　时光如流水，转眼间，我已经离开西一路小学两年了，可我还时常想起您那和蔼的面孔和一头乌黑的长发。

　　您以前讲课时的情景让我至今历历在目。同学们都喜欢听您讲课，您讲的课特别有魔力，像磁石一般吸引着我们，使我们对语文产生了浓厚的兴趣。听您讲课一点也不拘束，您几句简短的话就能把课文分析得透彻清楚，再加上您幽默的语言，常常引得同学们开怀大笑，在笑声中同学们增长了知识。

　　现在，我在高新第二小学上学，一切都挺好的，这是您悉心培养的结果。老师，我永远感激您。有时间我会去看望您！

　　最后，祝您快乐、健康！

　　此致

敬礼！

　　　　　　　　　　　　您的学生：李勇剑

　　　　　　　　　　　　2007 年 6 月 4 日

◎小学四年级

给刘翔哥哥的信

尊敬的刘翔哥哥：

你好！

你在 2006 年的男子 110 米跨栏比赛中取得了 12 秒 88 的优异成绩，我衷心地祝贺你！同时，也为您给中国夺得了 110 米跨栏的金牌而高兴！

去年 7 月份，你又打破了自己保持的世界纪录，我们全班都为你欢呼，为你骄傲，为你自豪！

刘翔哥哥，你知道吗？我们全班同学都十分希望你在 2008 年奥运会的运动场上取得更加优异的成绩，打破你创下的世界纪录，再为我们的祖国争一次光。

我长大了，也要像你那样，为祖国作贡献！

此致

敬礼！

陕西西安高新二小四（4）班 李勇剑

2008 年 6 月 5 日

贺卡寄语

在教师节来临之际，我首先感谢老师对我的培育之恩。谢谢老师培育了我，教给了我很多知识，让我懂得了做人的道理。在我有一点点进步时，您鼓励我，让我知道了天天向上！在我犯了错误的时候，您批评我，让我知道了有错要改！我要尊敬师长，孝敬老人。我一定要好好学习，长大为国家贡献自己的力量。

2007 年 9 月 9 日

◎ 小学六年级

给妈妈的信

亲爱的妈妈：

　　您好！

　　在这十二年来，您一直悉心照顾着我，我却没有体会到您对我的爱，还经常对您发脾气。

　　但在上学期，我们六年级举办了一次"护蛋行动"，要把鸡蛋随身带一周。这可是件难事儿，我拼尽全力也没能把我的蛋护到最后一天。

　　我觉得，保护一个无手无脚，没头没脑又不会乱动的鸡蛋已经很难了，何况保护一个好奇心强又喜欢乱动的小孩子呢？

　　妈妈，您为我奉献了许多，却从没有为自己想过，我的生日几乎年年都过，而您的生日却经常被人遗忘。记得有一次，我问您："您为什么不过生日？"而您却只是淡淡回答："忘了。"忘了？您的生日连我都能记住，您怎么可能会忘了呢？去年，在您的生日来临之际，我和爸爸暗暗筹备，给您买了蛋糕，在您生日那天给了您一个惊喜。

　　妈妈，您可能已经忘记了自己当时的表情，但我却清楚地记得您当时的表情有多快乐，多惊讶。

　　在我进步时您的喜悦，在我悲伤时您的鼓励，在我骄傲时您的劝导……这些片断无不包含着您对我无私的爱。

　　妈妈，在新的一年中，我一定要加倍努力，好好学习，做一个令您骄傲的好孩子！

　　此致

敬礼！

您的儿子：李勇剑

2010 年 3 月 23 日

给母校的一封信

亲爱的母校：

　　您好！

　　俗语说："光阴似箭，日月如梭。"眨眼间，五年时间过去了。在这五年里，我在这里度过快乐无比的时光。在这里，我与同学们朝夕相处，快乐地玩耍，有过笑，有过泪，度过了无数个快乐的日子。教室里、操场上、图书室……校园的每一个地方都给我留下了美好的记忆。

　　上小学一年级时，我从西一路小学转学到高新二小。当时我对这里的一切都很陌生，畏畏缩缩的，不敢去做任何事。后来，在老师的鼓励下，我很快便融入了班级的大家庭中，在操场上疯跑，在教室里大吵大嚷，甚至在操场上跑时使脚骨折……尽管这些都受到了老师的批评，但我们依然很快乐。

　　现在，我将要离开学习、生活了五年的高新二小，离开这个给我带来知识的地方，心中的不舍之情难以言表。

　　再见了，母校，我会永远记住您，并且思念您的。

　　此致

敬礼！

　　　　　　　　　　　　　　　　　您的学生：李勇剑

　　　　　　　　　　　　　　　　　2010 年 5 月 11 日

　　说到后记，我始终不知该如何下笔。思考了好久，我还是谈谈写作吧。

　　我从幼儿园开始记日记，那时我并不喜欢写作，不过是一天一句的流水账罢了，完全是敷衍了事。有时连流水账也不去记，导致一篇与一篇之间有时相隔了好几天。

　　有段时间，我很害怕写作文。那是在小学阶段，我甚至一听到要写作文就头疼，一篇作文甚至能写两三遍，有时还会受到老师的批评。后来我才发现，我并非写不好作文，而是写不好那种被条条框框束缚了的命题作文。反而对那些半命题作文，我如鱼得水，写起来得心应手。

　　到了初中，让我有更多的机会去写那些不受束缚的文章，自认为写得不错的作品也有不少，比如我写的《李白》，但在这本书里没有被编入——因为这是我的小学作文集。

　　我写作文很注重状态。如果状态好了，写得又快又好。如果状态不好，往往写到脸色发青，也写不出什么让自己满意的文章。

　　2008 年暑假，我随闫康才伯伯去关山牧场游玩。关山位于关中西部，那里风景如画，是个避暑的好去处。我和闫伯伯来到这里时，还不到中午。那天晴空万里，空气凉爽宜人。我们先后体验了骑马、射箭等一系列游戏活动，还品尝了草原烧烤和地方美食，玩得十分尽兴。回来后闫伯伯鼓励我写篇自己的见闻。为了写好这篇文章，我花费了两天时间，改了好多遍，闫伯伯和爸爸也给我提了很多修改意见。《游关山牧场》定稿后，爸爸鼓励我向报社投稿。不久，这篇文章就在《华商报》"学生作文"专栏上发表了。

《游关山牧场》算是我发表的处女作吧！

《我眼中的加拿大》是我从加拿大回来后写的。2010年暑假，我参加了学校组织的赴加拿大夏令营活动。期间，我们先后去了加拿大的伦敦、多伦多等地。回国后，我也没想要写些什么。直到有一天，我和爸爸在一起聊天时，爸爸鼓励我把在加拿大的所见所闻和感受写出来。在爸爸的鼓励下，我开始动笔。刚开始只写了六百来字，总感觉不全面，又经过多次修改、填补，结稿时一统计，竟有六千余字。后来，我把它寄给《华商报》，以期发表。但不久，编辑发邮件说我的文章太长，希望能删减到一千五百字左右。因为那时学校已开学，课程又紧，没时间删改。当时爸爸在台湾访问，他在电话里鼓励我不要气馁，建议我把文章发给《美文》杂志试试。稿件寄出不久，编辑却替我把文章删减到一千多字后在《华商报》上刊发了，这让我十分感动。由于学校学习十分紧张，加上给《美文》投稿本来就没有什么信心，给《美文》投稿的事也就渐渐地淡忘了。突然，有一天我在学校收到了《美文》杂志社寄来的一个牛皮纸大信封，拆开一看，《我眼中的加拿大》全文发表在2010年第11期《美文》杂志上，还配发了几幅我在加拿大的照片。这使我又惊又喜。

　　写作是个不容易的事。在我写《我眼中的加拿大》时，曾经十分困惑：国外的见闻很多，感悟也不少，搞不好便成了流水账。曾经几次因为无头无绪，写不下去。爸爸看到我对此十分苦恼，便和我探讨作文心得。爸爸说，文无定法。写作就是要将自己对生活的真实感受，真切地表达出来，不要拘泥于条条框框，人云亦云。文章最忌随人后。要有感而发，不要无病呻吟。爸爸还建议我把文章分为几个小节，便于整理思路。于是我把文章分为"踏上加拿大的土地、伦敦市、优美的自然环境、快乐的课堂生活、游览著名旅游景点、有趣的娱乐活动和回国"等七个章节，写作时不仅注意记叙我在加拿大的所见所闻，而且要写出我在异域的切身感悟。由于有感而发，所以很顺利地完成了这篇文章的写作。后来，爸爸的朋友看了这篇文章，认为文章写得很真实，有自己的感想和见地。这使我很受鼓舞，也使我真正明白了深入生活，观察生活对于写作是多么的重要。

　　白球是我老家的一只可爱的狗，它十分聪慧，虽然我隔一年才能和爸爸妈妈回老家一次，但每次见到它，它似乎都认得我似的，在我的身前身后跑来跑去，还亲昵地跟我玩耍。据说它还曾从山中捕到一只野鸡，它没有吃，却用嘴把这只野鸡从山里衔了回来。听大伯讲这个故事时，我很感兴趣。后来，我以《白球》为题写了一篇作文，同学们看后也觉得白球很有意思，纷纷向我打听关于白球的一些故事。其实，这是他们读了《白球》里的一些细节，才对白球产生兴趣的。可见文章细节的重要。

　　我之所以热爱写作，首先要归功于读书。在我大约四岁时，爸爸被调到外地去工作，一周才能回家一次，而妈妈也要每天上班。没人陪我，妈妈便买来一些书让我读，那时我还识字不多，只能看图识意，凑凑合合读了《西游记》等小人书，书中的内容还是不大理解。后来上了幼儿园，认识了一些字，便开始读《安徒生童话》《格林童话》，能基本懂得其中的一些意思。到了小学，我开始读少儿版四大名著、《海蒂》《窗边的小豆豆》《城南旧事》《致小读者》等文学名著。最让我陶醉的是郑渊洁和杨红樱两位老师的《皮皮鲁与鲁西西》系列、《淘气包马小跳》系列小说，常常让我废寝忘食，有时还挑灯夜读。由于书里的故事和人物常常让我感动和兴奋不已，我就产生了把自己身边的人和事记叙下来的想法。于是，我就在作文里写我的校园，写我的家庭生活，写我的同学、家人，写我随父母外出游玩时的见闻，这些在这本书中都有收录。

到了初中，我开始读《钢铁是怎样炼成的》《名人传》《呐喊》《红高粱家族》《平凡的世界》等文学经典。这些书对我的写作启示不少，帮助很大。我也试图创作了一些短文，但是在这本书里没有收录。

前不久，我随刘浏叔叔和爸爸在北京拜访了我十分景仰的长辈——中国作家协会副主席莫言伯伯。初春的北京，春暖乍寒，空气冷飕飕的。我们来到伯伯的家时，老远就看见伯伯一脸笑容地迎接我们。春天的阳光透过玻璃窗子洒在伯伯家的地板上，整个屋子暖融融的。第一次见到这么大的作家，说实话，我心里很紧张。但后来伯伯谦和地为我们倒水，与我们聊天，使我放松了许多。伯伯一点也没有大作家的架子，倒像是一位为我引路的长者。他给我讲了许多关于写作方面的事，让我受益匪浅。他还当即给我题词："童年是一首歌，清澈透明，犹如山中小溪；天真无邪，宛若天籁之音。"合影时，爸爸提醒我别紧张，我说没紧张。谁知伯伯却开玩笑说："是我紧张了！"伯伯一句幽默的话让我轻松了许多。回到西安不久，我便收到了伯伯用快件寄来的他亲笔书写的序和一首诗。一位蜚声中国文坛的大作家，关心一个在写作道路上咿呀学语的丑小鸭，为我的书作序、题词，给了我莫大的鼓励和鞭策，使我受宠若惊，又让我十分感动。在此，我向莫言伯伯表示深深的感谢。

《童年是一首歌》是我读小学一年级至六年级的部分作文汇编，内容确实还很幼稚，编书过程也十分不易，我对所有为本书出版付出辛勤劳动的长辈和老师深表感谢。

首先，我要感谢我的爸爸、妈妈，他们对此书付出了极大的心血。爸爸整理我从小学一年级到六年级的作文，妈妈录入电脑。忙忙碌碌了许久，才有了这本书。

在此，我还要特别感谢西安中国画院院长、西安美协主席王西京伯伯，他为我题写了书名，为此书增色不少。同时，我还要感谢我敬爱的长辈、著名书画家、道学家贾慧法先生，他用了整整两天时间，为我的拙作创作国画，让我甚为感动。徐君峰伯伯、刘浏叔叔、陆柯伦伯伯、黄平利伯伯以及出版社的编辑老师们，为本书出版出了不少力，提了不少建议，在此一并表示感谢。

我还要感谢我的四任语文老师，她们是黄晖老师、张云云老师、郭冰老师以及现在的鲁雪娟老师。她们给予我知识而不止于知识，还教我做人，让我终生难忘。

我深知今后的路很长，我的写作才刚刚起步。我会一步一个脚印，不断前进，圆我的写作梦。

应当特别提出的是，这本书还有许多不足之处，恳请读者提出宝贵意见。

李勇剑

2012 年 3 月 16 日于西安家中